JN015647

改訂 新 版

ハングル
能力検定試験
実戦問題集

李昌圭 著

ウェブにも
模擬試験と解説
を掲載!

4級

朝日出版社

本書 HP のご案内

本書の購入者は、下記URLまたはQRコードから、
本書の音声（ストリーミング / ダウンロード形式）と、
「第6章　模擬試験」・「第8章　解説編」をご確認いただけます。

http://text.asahipress.com/text-web/korean/
shinhanken4/index.html

【音声（ストリーミング / ダウンロード形式）について】
　本書「第5章　聞き取り問題」、「第6章　模擬試験」の聞き取り問題が用意されています。

・ トラック番号は、該当問題箇所に「🔊1」と表記しています。
　　※「第5章　聞き取り問題」は各ページごと、「第6章　模擬試験」は各大問ごとにトラック番号を表記しています。

・「第5章　聞き取り問題」では、各類型別問題（**1**〜**5**）の冒頭にQRコード、
　「第6章　模擬試験」では、第1回、第2回聞き取り問題の冒頭にQRコードをご用意しました。
　こちらのQRコードからは、ストリーミング形式の音声のみご利用いただけます。

【第6章　模擬試験について】
　上記サイト内、「第6章　模擬試験」をクリックしていただくと、
　本書と同一内容の「模擬試験」を何度でも解いていただけます。

【第8章　解説編について】
　上記サイト内、「第8章　解説編」をクリックしていただくと、
　本書と同一内容の「解説」がご確認いただけます。

※上記内容は、予告なく変更する場合がございます。あらかじめご了承ください。
※QRコードは（株）デンソーウェーブの登録商標です。

ハングル能力検定4級合格のために

まえがきにかえて

　ハングル能力検定試験は、世界の学習者を対象とした韓国語能力試験（TOPIK）と違い、日本国内の学習者のみを対象とした試験です。TOPIKにはない、発音、表記、用言の活用などの文法、あいさつなどの定型表現、漢字の読み、韓日・日韓訳の問題など、日本語話者の学習環境に特化された問題が出題されるのが特徴です。

　本書は、このような試験の内容を4級の出題類型に沿って詳細に分析し、学習者が試験の類型別ポイントを効率的に覚えられるようにしています。同時に豊富に収録した問題の練習を通して十分な試験準備ができるよう次のように構成しています。

❶ 出題内容を詳細に分析して類型別に整理してわかりやすく提示。
　　— 筆記の発音、表記、語彙、用言の基本形・助詞・語尾などの文法、定型表現、文の内容理解問題、聞き取りのイラスト、応答文、文の内容理解問題など、問題の類型別に出題内容の全体像とポイントを体系的に理解し、覚えられます。
　　— 類型別の重要な学習事項は「合格資料」としてまとめて提示しています。

❷ 筆記と聞き取りの問題類型別に豊富な実戦問題を収録。
　　本書収録の570問（本試験の9回分以上相当）の豊富な問題を通してすべての出題形式の問題が実戦的に練習できます。

❸ 本試験への対応力を磨く聞き取り問題と音声を収録。
　　実戦的な問題と音声を通して、試験への対応力と聴解力が効率的に鍛えられます。

❹ 全練習問題にチェックボックス(▢)を設定。
　　間違えた問題や不得意な問題は印をつけ、繰り返し練習ができます。

　本書収録の様々な形式の問題を解くことによって4級レベルの学習事項を確実にまとめて覚え、応用できるようになるはずです。4級試験の対策用として、または学習成果の総合的な確認用として大いに活用してください。

　みなさんのさらなる韓国語力の向上と4級の合格を願います。

著者

目 次

第1章　発音と表記問題

第2章　語彙問題

第3章　文法と定型表現問題

第7章　聞き取り問題台本

第8章　解説編

第1章　発音と表記問題

第2章　語彙問題

第3章　文法と定型表現問題

第4章　文の内容理解問題

合格資料

試験時の注意事項

※ ハングル検定試験の問題冊子には以下のような注意事項が書いてあります。
一読し、試験時の参考にしてください。

【試験前の注意事項】

1）監督の指示があるまで、問題冊子を開いてはいけません。
2）聞き取り試験中に筆記試験の問題部分を見ることは不正行為となるので、
充分ご注意ください。
3）問題冊子は試験終了後に持ち帰ってください。
マークシートを教室外に持ち出した場合、試験は無効となります。

【マークシート記入時の注意事項】

1）マークシートへの記入は「記入例」を参照し、**HB 以上の黒鉛筆、またはシャープペン
シル**ではっきりとマークしてください。**ボールペンやサインペンは使用できません。**訂
正する場合は、消しゴムで丁寧に消してください。
2）氏名、受験地、受験級、受験地コード、受験番号、生まれ月日は、もれのないよう正しくマー
クし、記入してください。
3）マークシートにメモをしてはいけません。メモをする場合は、問題冊子にしてください。
4）マークシートを汚したり、折り曲げたりしないでください。

※ 試験の解答速報は、試験終了後、ハングル検定協会の公式HPで公開されます。
https://www.hangul.or.jp/
※ 巻末にマークシートのサンプルがあります。

【試験当日に持参するもの】

1）受験票（縦4cm×横3cmの顔写真貼付）
2）筆記用具（HB以上の黒鉛筆またはシャープペンシルとプラスチック消しゴム。サインペン
使用不可）
3）身分証明書（顔写真が確認できるもの。状況により提示を求められる場合あり）

※腕時計（時計が設置されていない教室もある。腕時計以外は使用不可）
※教室内の空調や気温の変化に対応できる服装

ハングル能力検定試験概要

1 試験概要

❶ 実施時期：春季と秋季の年2回実施される。

春季	秋季
6月　第1日曜日	11月　第2日曜日

❷ 願書の入手方法
・ハングル能力検定協会のHPで請求、またはダウンロードできる。
　https://www.hangul.or.jp/
・受付期間中全国主要書店にて無料で願書が入手できる。
・ハングル能力検定協会にFAXまたは葉書で直接請求できる。

❸ 申し込みの方法
・上記のハングル能力検定協会のHPで直接「オンライン申し込み」をする。
・書店や郵便局で検定料を払い込んでから、払込証書と願書を同封して上記の
　ハングル能力検定協会へ郵送する。
※ 受験に際しては「ハングル能力検定協会」のHPで最新の情報を確認して下さい。

❹ 試験時間：4級の聞き取り試験と筆記試験はすべて午後に実施される。3級と5級は午前中に実施されるので、併願での受験が可能である。

区分	級	聞き取り試験	筆記試験
午前	5級	10：30～11：00	11：00～12：00
	3級	10：30～11：00	11：00～12：00
午後	4級	14：00～14：30	14：30～15：30

❺ 試験形式：4級の聞き取りと筆記試験はすべてマークシート形式で実施される。

❻ 合格基準点：聞き取り試験40点、筆記試験60点の100点満点中、60点以上で合格となる。

❼ 合格発表：検定日から約1か月後に、試験の点数と合否が記された成績通知票が郵送される。

2 4級の試験内容

❶ 聞き取り問題の構成

大問	問題類型	問題数	配点
1	イラスト問題	3問	2点
2	単語説明問題	4問	2点
3	応答文選択問題	5問	2点
4	文の内容一致問題	5問	2点
5	対話文の内容理解問題	3問	2点
	20問、40点満点	20問	40点

❷ 筆記試験の構成

大問	問題類型	問題数	配点
1	発音問題	4問	1点
2	表記問題	4問	1点
3	単語選択問題	5問	1点
4	短文の空所補充問題	3問	2点
5	対話文の空所補充問題	3問	2点
6	語句の置き換え問題	2問	2点
7	用言の基本形問題	5問	1点
8	助詞・語尾・慣用表現問題	4問	2点
9	あいさつなど定型表現問題	2問	1点
10	対話文の空所完成問題	4問	2点
11	文章の内容理解問題	2問	2点
12	対話文の内容理解問題	2問	2点
	40問、60点満点	40問	60点

❸ **4級の評価基準**：以下のような基準で出題・評価される。

4級	・60分授業を80回受講した程度。 ・基礎的な韓国・朝鮮語を理解し、それらを用いて表現できる。 ・比較的使用頻度の高い約1,070語の単語や文型からなる文を理解することができる。 ・決まり文句を用いて様々な場面であいさつやあいづち、質問ができ、事実を伝え合うことができる。また、レストランでの注文や簡単な買い物をする際の依頼や簡単な誘いなどを行うことができる。 ・簡単な日記や手紙、メールなどの短い文を読み、何について述べられたものなのかをつかむことができる。 ・自分で辞書を引き、頻繁に用いられる単語の組み合わせ（連語）についても一定の知識を持ちあわせている。 ・100点満点【聞き取り40点（30分）筆記60点（60分）】で60点以上合格 ※合格点（60点）に達していても聞き取り試験を受けていないと不合格になる。 ※マークシート使用

第1章

発音と表記問題

	問題類型	出題問題数	配点
1	発音問題	4	1
2	表記問題	4	1

発音と表記に関する問題

1 出題内容

> 発音と表記に関する問題は、
> ①発音どおりに正しく表記されたものを選ぶ発音問題が4問(各1点)、②単語の綴りが正しく表記されたものを選ぶ表記問題が4問(各1点)出題される。問題はすべて4級の出題範囲の発音規則と語彙の中から出題される。発音と表記を何となく自己流で覚えているのではなく、発音の変化を理解して正しく覚えているかが問われる。

1 発音問題

4級の出題対象になる発音の変化は、これまで5級で出題された連音化、濃音化、語尾の鼻音化に加え、新たに次のような発音の変化が出題対象になる。

❶ 鼻音化：終声ㄱ、ㄷ、ㅂの直後にㄴ、ㅁが来た場合の鼻音化と数詞육の鼻音化

【例】작년 [장년] 昨年、콧물 [콘물] 鼻水、십 년 [심년] 10年、십육 [심뉵] 16

❷ 激音化

【例】입학 [이팍] 入学、약하다 [야카다] 弱い、이렇게 [이러케] このように

❸ 流音化

【例】일 년 [일련] 1年、연락 [열락] 連絡、생일날 [생일랄] 誕生日

❹ 口蓋音化

【例】같이 [가치] 一緒に、붙입니다 [부침니다] 付け (貼り) ます

❺ 鼻音化：①子音語幹の後の語尾の濃音化、②連体形「-(으)ㄹ」直後の平音の濃音化、③여덟と열の直後の平音の濃音化、④漢字語や合成語における濃音化

【例】신다 [신따] 履く、남고 [남꼬] 残って、앉고 [안꼬] 座って、젊다 [점따] 若い

【例】먹을 것 [머글껃] 食べるもの、마실 것 [마실껃] 飲むもの

【例】여덟 개 [여덜깨] 8個、열 사람 [열싸람] 10人

【例】결정 [결쩡] 決定、조건 [조껀] 条件

2 表記問題

この問題では、間違えやすい母音やパッチム、連音化や鼻音化、濃音化、激音化などによる発音の変化に影響されず、単語の表記を正しく覚えているかが問われる。

【例】「ㄱ,ㅋ,ㄲ/ㄷ,ㅌ,ㄸ/ㅂ,ㅍ,ㅃ/ㅈ,ㅊ,ㅉ」、

「ㄴ,ㅁ,ㅇ」、「ㅓ,ㅗ/ㅜ,ㅡ/ㅔ,ㅖ,ㅐ」などの発音と表記の区別

2 問題類型

問題類型 1　発音問題

- 発音問題は4問（配点1点）出題される。問題では、激音化、鼻音化、濃音化、流音化、口蓋音化、連音化などの発音の変化が問われる。1つの発音の変化だけではなく、単語と語尾などの結合による複数の発音の変化が組み合わせとなって出題されることもある。問題の単語はすべて5〜4級の出題範囲内のものから出題される。

- 問題は4級で新たに出題対象に追加された①鼻音化、②激音化、③流音化、④口蓋音化、⑤濃音化の発音変化の中から、4問中各1問ずつ毎回均等に出題される傾向があるので、これらの発音規則について「合格資料」を参考にしっかり覚えておくようにしよう。

例題 1　発音どおり表記したものを①〜④の中から1つ選びなさい。

〈1点 × 4問〉

1）젊지만
　　① [절치만]　　② [절찌만]　　③ [점찌만]　　④ [점치만]

2）끊겠어요
　　① [끈케써요]　　② [끈계써요]　　③ [끈게써요]　　④ [끈께더요]

3）붙입니다
　　① [부팁니다]　　② [부침니다]　　③ [부짐니다]　　④ [부딤니다]

4）멋있네요
　　① [머실레요]　　② [머심네요]　　③ [머성네요]　　④ [머신네요]

正解　1）③　　2）①　　3）②　　4）④

解説　1）若いけど
　✎ 젊の2文字パッチムㄲは右側を発音して[점]、用言の語幹の終声「ㅁ」の後に結合する「ㄱ,ㄷ,ㅅ,ㅈ」で始まる語尾は濃音化して「ㄲ,ㄸ,ㅆ,ㅉ」で発音される。
　☞ 젊+지만 → 점+지만 [점+찌만]

　　2）断ちます
　✎ 끊の2文字パッチムㄶは左側を発音して[끈]、パッチムㄶの右側のㅎの後に겠のㄱが来て[ㅋ]と激音化。겠の終声ㅆが連音して[케써요]と音変化。
　☞ 끊+겠+어요 → 끈+ㅎ+겠+어요 [끈+케+써요]

3）貼り（付け）ます
- 終声「ㄷ,ㅌ」の後に「이」母音が来ると、「ㄷ,ㅌ」は「ㅈ,ㅊ」で発音される。これを口蓋音化と言う。☞ 붙+입+니다 → [부+침+니다]

4）素敵ですね
- 멋있が連音化して[머싰]、싰の終声ㅆの代表音ㄷがㄴの前で鼻音化して[신네요]と音変化。

☞ 멋+있+네요 → 머+싰+네요 [머+신+네요]

例題2　発音どおり表記したものを①〜④の中から１つ選びなさい。

〈1点 × 4問〉

1）작년에
- ① [잔녀네]　　② [장녀네]　　③ [잠녀네]　　④ [잔녀네]

2）여덟 시
- ① [여덜시]　　② [여덥시]　　③ [여덥씨]　　④ [여덜씨]

3）갈 거예요
- ① [갈거에요]　　② [갈터에요]　　③ [갈꺼에요]　　④ [갈커에요]

4）졸업하면
- ① [조러파면]　　② [조러바면]　　③ [조러카면]　　④ [조러빠면]

正解 1）②　　2）④　　3）③　　4）①

解説 1）昨年
- パッチムㄱの後に鼻音ㄴが来て[장년]と鼻音化した後、連音化する。

☞ 작+년+에 → 장+년+에 [장+녀+네]

2）8時
- 여덟（8）、열（10）の後に来る平音「ㄱ,ㄷ,ㅅ,ㅈ」は濃音化して「ㄲ,ㄸ,ㅆ,ㅉ」で発音される。

☞ 여덟+시 → 여덜+시 [여덜+씨]

3）行くつもりです
- 連体形語尾「－ㄹ/－을」の後に来る平音「ㄱ,ㄷ,ㅅ,ㅈ」は濃音化して「ㄲ,ㄸ,ㅆ,ㅉ」で発音される。

☞ 갈+거+예요 → [갈+꺼+에요]

4）卒業したら
- 平音「ㄱ,ㄷ,ㅂ,ㅈ」の前後に「ㅎ」が来ると、激音化して「ㅋ,ㅌ,ㅍ,ㅊ」で発音される。連音化+激音化。☞ 졸+업+하면 → 조+러+ㅂ+하면 [조+러+파면]

問題類型2 　表記問題

・ 表記問題は4問（配点1点）出題される。

・ 問題では、次のような間違えやすい母音やパッチム、連音化や鼻音化、濃音化、激音化
などによる発音の変化に影響されず、単語の表記を正しく覚えているかが問われる。普
段から単語を覚えるときは正しい表記と発音に注意して覚える態度が求められる。

① 母音「ㅓ,ㅗ」、「ㅜ,ㅡ」、「ㅔ,ㅖ,ㅐ」の発音と表記は区別できているか
　【例】やっと：겨우（거우/겨으/게우）、昨日：어제（오제/어재/오재）

② パッチムの「ㄴ」、「ㅁ」、「ㅇ」の発音と表記は区別できているか
　【例】動物：동물（돈물/돔물）、関心：관심（간심/광신/괌신）、夢：꿈（꾼/꿍）

③ 連音化、鼻音化に影響されないで正しい表記を覚えているか
　【例】公園に：공원에（고위네/공위내）、送ります：보냅니다（버냅니다/보넵니다）

④ 平音 / 激音 / 濃音の発音と表記は区別できているか
　【例】鶏：닭（닥/닭/땈）、汗：땀（탐/담/딴）、必ず：꼭（콕/꺽）

例題　次の日本語の意味を正しく表記したものを①～④の中から1つ選びなさい。

〈1点 × 4問〉

1） サッカー

　① [죽꾸]　　　② [쭉구]　　　③ [축구]　　　④ [축꾸]

2） 走ります

　① [뒤어요]　　② [뛰어요]　　③ [띠여요]　　④ [티여요]

3） 毎日のように

　① [매일가티]　② [매일가치]　③ [매일갖이]　④ [매일같이]

4） 方向

　① [방향]　　　② [반향]　　　③ [방햔]　　　④ [반햠]

正解　1）③　　2）②　　3）④　　4）①

解説
1）축구　　✎ [축꾸]と発音。「ㅈ,ㅊ,ㅉ/ㄱ,ㅋ,ㄲ」の発音と表記の区別に注意。
2）뛰어요　✎ 基本形は「뛰다」。「띠다」と間違えやすい。
3）매일같이　✎ 発音は[매일가치]と口蓋音化して発音される。
4）방향　　✎ 終声「ㄴ,ㅇ,ㅁ」の発音と表記は間違いやすいので注意。

鼻音化

鼻音で発音されるものは「ㄴ,ㅁ,ㅇ」の3つである。この3つの鼻音「ㄴ,ㅁ,ㅇ」が終声か初声にあれば鼻音化に注意しよう。

1 鼻音化1

終声「ㄱ,ㄷ,ㅂ」の後に「ㄴ,ㅁ」が続くと、終声「ㄱ,ㄷ,ㅂ」は鼻音化して「ㅇ,ㄴ,ㅁ」と発音される。

① ㄱ (ㅋ,ㄲ) + ㅁ ➡ ㅇ + ㅁ

한국말 [한궁말] 韓国語	국 맛 [궁맏] 汁の味	떡 맛 [떵맏] 餅の味
책만 [챙만] 本だけ	밖만 [방만] 外だけ	부엌 문 [부엉문] 台所のドア

② ㄱ (ㅋ,ㄲ) + ㄴ ➡ ㅇ + ㄴ

작년 [장년] 昨年	학년 [항년] 学年	읽는다 [잉는다] 読む
먹는다 [멍는다] 食べる	깎는다 [깡는다] 削る	닦는다 [당는다] 磨く

③ ㄷ (ㅌ,ㅅ,ㅆ,ㅈ,ㅊ) + ㄴ ➡ ㄴ + ㄴ

믿는다 [민는다] 信じる	끝나다 [끈나다] 終わる	벗는다 [번는다] 脱ぐ
몇 년 [면년] 何年	있는 [인는] ある	듣는 [든는] 聞く
옛날 [옌날] 昔	끝내다 [끈내다] 終える	낫는다 [난는다] 治る
찾는 [찬는] 探す	맛있는 [마신는] 美味しい	재미있는 [재미인는] 面白い
늦는다 [는는다] 遅れる	닫는다 [단는다] 閉める	붙는다 [분는다] 付く

④ ㄷ (ㅌ,ㅅ,ㅈ,ㅊ) + ㅁ ➡ ㄴ + ㅁ

콧물 [콘물] 鼻水	빗물 [빈물] 雨水	몇 명 [면명] 何名
몇 마리 [면마리] 何匹	옷만 [온만] 服だけ	손끝만 [손끈만] 指先だけ
바닷물 [바단물] 海水	밑만 [민만] 下だけ	

⑤ ㅂ (ㅍ) + ㄴ ➡ ㅁ + ㄴ

십년 [심년] 10年	입는 [임는] 着る	재미없는 [재미엄는] 面白くない
맛없는 [마덤는] まずい	눕는다 [눔는다] 横になる	

⑥ ㅂ (ㅍ) + ㅁ ➡ ㅁ + ㅁ

십만 [심만] 10万	밥만 [밤만] ご飯だけ	앞문 [암문] 表口
일곱 명 [일곰명] 7名	값만 [감만] 値段だけ	아홉마리 [아홈마리] 9匹

2 鼻音化2

数詞「육」はㄹ以外の終声の後では[뉵]と発音する。

십육 [심뉵] 16   이십육일 [이심뉴길] 26

백육십→백+뉵+십→뱅+뉵+씹 [뱅뉵씹] 160

合格資料－2 　激音化

平音「ㄱ,ㄷ,ㅂ,ㅈ」の前後に「ㅎ」が来ると、激音化して「ㅋ,ㅌ,ㅍ,ㅊ」で発音される。
「ㄱ,ㄷ,ㅂ,ㅈ」の前後に「ㅎ」があったら激音化に注意しよう。

① ㄱ ＋ ㅎ ➡ ㅋ

생각하다 [생가카다] 考える　　　시작하다 [시자카다] 始める

기억하다 [기어카다] 記憶する　　부탁하다 [부타카다] 頼む

노력하다 [노려카다] 努力する　　도착하다 [도차카다] 到着する

약하다 [야카다] 弱い　　　　　　지각하다 [지가카다] 遅刻する

② ㅎ ＋ ㄱ ➡ ㅋ

넣고 [너코] 入れて　　　좋고 [조코] 良くて　　　어떻게 [어떠케] どのように

그렇게 [그러케] そのように　이렇게 [이러케] このように　저렇게 [저러케] あのように

③ ㄷ (ㅅ , ㅊ) ＋ ㅎ ➡ ㅌ

못하다 [모타다] できない　　　따뜻하다 [따뜨타다] 暖かい

비슷하다 [비스타다] 似ている　　잘못하다 [잘모타다] 間違う

④ ㅎ ＋ ㄷ ➡ ㅌ

좋다 [조타] いい　　　　놓다 [노타] 置く　　　　넣다 [너타] 入れる

⑤ ㅂ ＋ ㅎ ➡ ㅍ

대답하다 [대다파다] 答える　　입학하다 [이파카다] 入学する

졸업하다 [졸어파다] 卒業する

⑥ ㅎ ＋ ㅈ ➡ ㅊ

좋지요 [조치요] いいですよ　　그렇지만 [그러치만] だが

⑦ ㄶ ＋ ㄷ,ㄱ,ㅈ ➡ ㄴ ＋ ㅌ,ㅋ,ㅊ

많다 [만타] 多い　　　　많고 [만코] 多くて　　　많지 않다 [만치안타] 多くない

괜찮다 [괜찬타] 構わない、大丈夫だ

⑧ ㅀ ＋ ㄷ,ㄱ,ㅈ ➡ ㄹ ＋ ㅌ,ㅋ,ㅊ

끊다 [끈타] 切る　　　　싫다 [실타] いやだ　　　잃다 [일타] なくす

옳다 [올타] 正しい　　　옳고 [올코] 正しくて　　옳지 않다 [올치안타] 正しくない

流音化

終声と次に続く初声の組み合わせが「ㄴ＋ㄹ」か「ㄹ＋ㄴ」の場合、「ㄴ」はどちらも「ㄹ」で発音される。4級(5級含む)範囲の単語で流音化に該当するものは次の数語である。

① ㄴ＋ㄹ ➡ ㄹ＋ㄹ
연락 [열락] 連絡　　　　　　연락하다 [열라카다] 連絡する

② ㄹ＋ㄴ ➡ ㄹ＋ㄹ
일년 [일련] 1年　　　　　생일날 [생일랄] 誕生日　　　　한글날 [한글랄] ハングルの日
팔년 [팔련] 8年　　　　　십일년 [십빌련] 11年　　　　십칠년 [십칠련] 17年

口蓋音化

終声「ㄷ,ㅌ」の後に「ㅣ」母音が来ると、「ㄷ,ㅌ」が「ㅈ,ㅊ」で発音されることを口蓋音化という。4級(5級含む)に出てくる口蓋音化の単語は次のようなものがある。

① ㅌ＋이 ➡ 치
같이 [가치] 一緒に　　　　끝이 [끄치] 終わりが　　　　같이하다 [가치하다] 共にする
밑이 [미치] 下が　　　　　손끝이 [손끄치] 指先が　　　　붙이다 [부치다] 貼る、付ける
코끝이 [코끄치] 鼻先が　　발끝이 [발끄치] つま先が　　매일같이 [매일가치] 毎日のように

濃音化

濃音で発音されるものは「ㄲ,ㄸ,ㅃ,ㅆ,ㅉ」の5つである。この5つの濃音に発音が変化するのは終声「ㄱ,ㄷ,ㅂ」や「ㄴ,ㄹ,ㅁ,ㅇ」の後に「ㄱ,ㄷ,ㅂ,ㅅ,ㅈ」が続く場合に起こる。一部例外もあるので用例に注意して覚えておこう。

１ 濃音化１

終声「ㄱ,ㄷ,ㅂ」の後に続く「ㄱ,ㄷ,ㅂ,ㅅ,ㅈ」は、「ㄲ,ㄸ,ㅃ,ㅆ,ㅉ」で発音される。

① ㄱ ＋ ㄱ ➡ ㄱ ＋ ㄲ
학교 [학꾜] 学校　　　　　약국 [약꾹] 薬局　　　　　학기 [학끼] 学期
축구 [축꾸] サッカー　　　떡국 [떡꾹] 雑煮、トックク

② ㄱ + ㄷ ➡ ㄱ + ㄸ

식당 [식땅] 食堂　　　　　적다 [적따] 少ない　　　　　찍다 [찍따] 撮る、押す

③ ㄱ + ㅂ ➡ ㄱ + ㅃ

책방 [책빵] 本屋　　　　　국밥 [국빱] クッパ

④ ㄱ + ㅅ ➡ ㄱ + ㅆ

학생 [학쌩] 学生　　　　　약속 [약쏙] 約束　　　　　책상 [책쌍] 机

역시 [역씨] やはり　　　　혹시 [혹씨] 万一、ひょっとして

⑤ ㄱ + ㅈ ➡ ㄱ + ㅉ

맥주 [맥쭈] ビール　　　　숙제 [숙쩨] 宿題　　　　　걱정 [걱쩡] 心配

⑥ ㄷ (ㅌ, ㅅ, ㅈ, ㅊ) + ㄱ ➡ ㄷ + ㄲ

듣고 [듣꼬] 聞いて　　　　묻고 [묻꼬] 尋ねて　　　　찾고 [찯꼬] 探して

⑦ ㄷ (ㅌ, ㅅ, ㅈ, ㅊ) + ㄷ ➡ ㄷ + ㄸ

듣다 [듣따] 聞く　　　　　벗다 [벋따] 脱ぐ　　　　　찾다 [찯따] 探す

⑧ ㄷ (ㅌ, ㅅ, ㅈ, ㅊ) + ㅂ ➡ ㄷ + ㅃ / ㄷ (ㅌ, ㅅ, ㅈ, ㅊ) + ㅈ ➡ ㄷ + ㅉ

어젯밤 [어젣빰] 昨夜　　　이것저것 [이걷쩓걷] あれこれ　　　숫자 [숟짜] 数字

⑨ ㄷ (ㅅ, ㅈ, ㅊ) + ㅅ ➡ ㄷ + ㅆ

횟수 [휃쑤] 回数　　　　　벗습니다 [벋씀니다] 脱ぎます　찾습니다 [찯씀니다] 探します

⑩ ㅂ, ㅍ + ㄱ ➡ ㅂ + ㄲ

입구 [입꾸] 入口　　　　　합격 [합껵] 合格　　　　　앞길 [압낄] 前の道

⑪ ㅂ, ㅍ + ㄷ ➡ ㅂ + ㄸ

덥다 [덥따] 暑い　　　　　춥다 [춥따] 寒い　　　　　앞뒤 [압뛰] 前後

⑫ ㅂ, ㅍ + ㅂ ➡ ㅂ + ㅃ

이십 분 [이십뿐] 20分　　집 밖 [집빡] 家の外　　　　옆방 [엽빵] 隣の部屋

⑬ ㅂ, ㅍ + ㅅ ➡ ㅂ + ㅆ

접시 [접씨] 皿　　　　　　십사 [십싸] 十四　　　　　값이 [갑씨] 値段が

⑭ ㅂ, ㅍ + ㅈ ➡ ㅂ + ㅉ

잡지 [잡찌] 雑誌　　　　　갑자기 [갑짜기] 突然　　　　옆집 [엽찝] 隣の家

2　濃音化2

　用言の語幹の終声「ㄴ, ㅁ」の後に結合する「ㄱ, ㄷ, ㅅ, ㅈ」で始まる語尾は、濃音化して「ㄲ, ㄸ, ㅆ, ㅉ」で発音される。

① ㄴ + ㄱ, ㄷ, ㅅ, ㅈ ➡ ㄴ + ㄲ, ㄸ, ㅆ, ㅉ

신다 [신따] 履く　　　　신고 [신꼬] 履いて　　　　신습니다 [신씀니다] 履きます

앉고 [안꼬] 座って　　　앉습니다 [안씀니다] 座ります

② ㅁ + ㄱ, ㄷ, ㅅ, ㅈ ➡ ㅁ + ㄲ, ㄸ, ㅆ, ㅉ

남다 [남따] 残る　　　　남고 [남꼬] 残って　　　　　南습니다 [남씀니다] 残ります

젊고 [점꼬] 若くて　　　젊습니다 [점씀니다] 若いです

3　濃音化3

連体形語尾「-ㄹ/-을」の後に来る平音「ㄱ, ㄷ, ㅅ, ㅈ」は濃音化して「ㄲ, ㄸ, ㅆ, ㅉ」で発音される。

먹을 것 [머글껃] 食べるもの　　　　　마실 것 [마실껃] 飲むもの

갈 거예요 [갈꺼에요] 行くつもりです　살 것이 [살꺼시] 買うものが

앉을 곳이 [안즐꼬시] 座るところが　　쓸 돈이 [쓸또니] 使うお金が

만날 사람 [만날싸람] 会う人　　　　　읽을 수가 [일글쑤가] 読むことが

4　濃音化4

여덟(八)、열(十)の後に来る平音「ㄱ, ㄷ, ㅅ, ㅈ」は濃音化して「ㄲ, ㄸ, ㅆ, ㅉ」で発音される。

여덟 개 [여덜깨] 8個　　　여덟 장 [여덜짱] 8枚　　　여덟 시 [여덜씨] 8時

열 사람 [열싸람] 10人　　열두 개 [열뚜개] 12個　　열세 장 [열쩨장] 13枚

5　濃音化5

漢字語や合成語における濃音化は、以下の4級出題範囲内の該当語彙のみ取り上げられる。

❶ 漢字語におけるㄹ終声直後の平音の濃音化

결정 [결쩡] 決定　　　발전 [발쩐] 発展　　　　열심 [열씸] 熱心　　　절대 [절때] 絶対
출신 [출씬] 出身

❷ 漢字語における例外的な濃音化

인기 [인끼] 人気　　　한자 [한짜] 漢字　　　　조건 [조껀] 条件

❸ 合成語における濃音化

글자 [글짜] 文字　　　손가락 [손까락] 指　　　손수건 [손쑤건] ハンカチ

꿈속 [꿈쏙] 夢の中　　물고기 [물꼬기] 魚　　　비빔밥 [비빔빱] ビビンバ

날자 [날짜] 日付　　　젓가락 [전까락] 箸

合格資料－6　連音化

　連音の発音規則はすべての発音変化に関係する基本的なものである。念のため、もう一度連音化の仕組みに目を通しておこう。

❶ 連音化１（１文字パッチム）

　前の音節の終声の後に母音で始まる音節が続くと、前の音節の終声が次の音節の初声として発音される。

한국어 [한구거] 韓国語	음악 [으막] 音楽	집에 [지베] 家に
옷이 [오시] 服が	낮에 [나제] 昼に	삼월 [사뭘] 3月
부엌에 [부어케] 台所に	꽃이 [꼬치] 花が	옆에 [여페] 横に

注意1 終声「ㅇ」は連音しない。

영어 [영어] 英語	고양이 [고양이] 猫	종이 [종이] 紙

注意2 終声「ㅎ」は母音音節の前で脱落する。

좋아요 [조아요] いいです	놓아요 [노아요] 置きます

注意3 終声「ㄴ, ㄹ, ㅁ」の後に「ㅎ」が続くと「ㅎ」が弱くなり連音される。

올해 [오래] 今年	결혼 [겨론] 結婚	열심히 [열씨미] 一生懸命に
잘하다 [자라다] 上手だ	미안하다 [미아나다] すまない	

❷ 連音化2（２文字パッチム）

　２文字パッチムの後に母音で始まる音節が続くと、左側の子音は残り、右側の子音だけが次の音節の初声として連音される。

읽어요 [일거요] 読みます	짧아요 [짤바요] 短いです
앉아서 [안자서] 座って	닭이 [달기] 鶏が
값은 [갑쓴] 値段は	젊어요 [절머요] 若いです

注意1 「ㅀ、ㄶ」は右側の「ㅎ」が母音音節の前で脱落し、残りの左側の子音「ㄴ, ㄹ」が次の音節の初声として連音される。

많아요 [마나요] 多いです	옳아요 [오라요] 正しいです

注意2 「ㄲ、ㅆ」は２文字のように見えるが、合成子音字の１文字なのでそのまま連音される。

밖에 [바께] 外に	있어요 [이써요] あります

1 　発音問題

※ 発音どおり表記したものを①～④の中から1つ選びなさい。

1) ──콧물이

☑ 　① [콩무리]　　　② [콤무리]　　　③ [콘무리]　　　④ [콜무리]

2) ──그렇게

☑ 　① [그러게]　　　② [그러케]　　　③ [그러께]　　　④ [그런께]

3) ──싫지만

☑ 　① [싵찌만]　　　② [실지만]　　　③ [실찌만]　　　④ [실치만]

4) ──읽을 거예요

☑ 　① [일글커에요]　② [일글꺼에요]　③ [이글거에요]　④ [이글꺼에요]

5) ──십일 년

☑ 　① [시빈년]　　　② [시비런]　　　③ [시빌런]　　　④ [시필런]

6) ──작년부터

☑ 　① [장년부터]　　② [잔년부터]　　③ [잔녕부터]　　④ [장녕부터]

7) ──약속해요

☑ 　① [약소깨요]　　② [약소캐요]　　③ [약쏘깨요]　　④ [약쏘캐요]

8) ──한자어

☑ 　① [한자어]　　　② [한차어]　　　③ [한짜어]　　　④ [함차어]

➡ 問題類型の解説は15ページ、発音規則の詳細は18～23ページの合格資料を参照

9) ── 연락처

☑ ① [열락처]　　② [열락쩌]　　③ [연낙처]　　④ [연낙쩌]

10) ── 따뜻하고

☑ ① [따뜨사고]　② [따뜨다고]　③ [따뜨타고]　④ [따뜨따고]

11) ── 열심히

☑ ① [열시미]　　② [열씨미]　　③ [열심이]　　④ [열씨니]

12) ── 붙일 거예요

☑ ① [부틸거에요]　② [부딜커에요]　③ [부질꺼에요]　④ [부칠꺼에요]

13) ── 잘못해서

☑ ① [잘모새서]　② [잘모대서]　③ [잘모태서]　④ [잘모때서]

14) ── 옛날에

☑ ① [옌나레]　　② [엔나레]　　③ [영나레]　　④ [엔나레]

15) ── 생일날

☑ ① [새일랄]　　② [새닌랄]　　③ [생인날]　　④ [생일랄]

16) ── 끊을 것도

☑ ① [끄늘걷또]　②[끄늘껃또]　③ [끈흘걷토]　④ [끈흘껃또]

17) ── 젓가락을

☑ ① [젇까라글]　② [전카라글]　③ [저까라끌]　④ [저카라글]

➡ 【正答】は32ページ、【解説】は202ページへ

18) ── 끝내면

☑ ① [끈내면]　　② [끈내면]　　③ [끔내면]　　④ [끙내면]

19) ── 못했어요

☑ ① [모대써요]　② [모때써요]　③ [모태써요]　④ [모새써요]

20) ── 어렵네요

☑ ① [어런네요]　② [어럼네요]　③ [어렁네요]　④ [어럽데요]

21) ── 같이

☑ ① [가티]　　　② [가디]　　　③ [가치]　　　④ [가찌]

22) ── 읽고

☑ ① [익코]　　　② [일코]　　　③ [익꼬]　　　④ [일꼬]

23) ── 그렇지만

☑ ① [그러치만]　② [그러찌만]　③ [그런치만]　④ [그런찌만]

24) ── 따뜻해서

☑ ① [따뜯태서]　② [따들해서]　③ [따뜨새서]　④ [따뜨태서]

25) ── 먹을 것

☑ ① [머글걷]　　② [머글껃]　　③ [머글컫]　　④ [머글것]

26) ── 여덟 개

☑ ① [여덜깨]　　② [여덥깨]　　③ [여덜캐]　　④ [여덥캐]

➡ 【正答】は32ページ、【解説】は203ページへ

27) ―인기 있는
☑　① [인기인는]　　② [인키인는]　　③ [인기인는]　　④ [인끼인는]

28) ―육학년
☑　① [유칸년]　　② [육항년]　　③ [유캉년]　　④ [유간년]

29) ―앉지 않고
☑　① [안치안코]　　② [안찌안코]　　③ [안지안꼬]　　④ [안찌안꼬]

30) ―끝냈어요
☑　① [끋내써요]　　② [끙내써요]　　③ [끔내써요]　　④ [끈내써요]

31) ―발전하면
☑　① [발쩌나면]　　② [발저나면]　　③ [발천하면]　　④ [발쩡아면]

32) ―맛없는
☑　① [마덥는]　　② [마섭는]　　③ [마덤는]　　④ [마섬는]

33) ―못해서
☑　① [모대서]　　② [모태서]　　③ [모새서]　　④ [모때서]

34) ―밝습니다
☑　① [발슴니다]　　② [박슴니다]　　③ [발씀니다]　　④ [박씀니다]

35) ―멋있네요
☑　① [머신네요]　　② [머신네요]　　③ [머심네요]　　④ [머딛네요]

➡　【解説】は203ページへ

※ 次の日本語の意味を正しく表記したものを①～④の中から1つ選びなさい。

1) ―おととい
☑   ① 그처게   ② 그젂에   ③ 크처께   ④ 그저께

2) ―うれしいです
☑   ① 키뻐요   ② 기뻐요   ③ 기포요   ④ 기뽀요

3) ―朝寝坊
☑   ① 놋잠   ② 늘잠   ③ 늦잠   ④ 눈잠

4) ―タバコ
☑   ① 담배   ② 탐배   ③ 단베   ④ 단배

5) ―卵
☑   ① 달갈   ② 닭알   ③ 달걀   ④ 닥갈

6) ―走ります
☑   ① 뒤어요   ② 뛰어요   ③ 튀어요   ④ 튀워요

7) ―向かい側
☑   ① 마중편   ② 마든편   ③ 마즌편   ④ 맞은편

8) ―おかず
☑   ① 반창   ② 반찬   ③ 판창   ④ 반짠

➡ 問題類型の解説は17ページ、4級出題の語彙リストは39～45ページの合格資料を参照

9) ―素敵です
☑　① 멋있어요　② 머싯어요　③ 머딨어요　④ 머칬어요

10) ―左側
☑　① 엔쪽　② 웬쪽　③ 웬쪽　④ 왼쪽

11) ―似ています
☑　① 비슫해요　② 비슨해요　③ 비슷해요　④ 비즛해요

12) ―まったく
☑　① 존여　② 전여　③ 존혀　④ 전혀

13) ―すでに
☑　① 뻘서　② 벌서　③ 벌써　④ 펄써

14) ―会話
☑　① 회와　② 회화　③ 헤와　④ 헤화

15) ―熱心に、一生懸命に
☑　① 열심히　② 열심이　③ 열시미　④ 열씸히

16) ―正しいです
☑　① 옳어요　② 얼어요　③ 옳아요　④ 올아요

17) ―貼ります
☑　① 붇여요　② 붙여요　③ 붗여요　④ 붖여요

➡　【正答】は32ページ、【解説】は204ページへ

18) ― 匂い

☑ ① 넴새　　　② 넴새　　　③ 넴세　　　④ 냄새

19) ― 汗

☑ ① 땀　　　　② 똠　　　　③ 뚬　　　　④ 떰

20) ― 生活

☑ ① 생활　　　② 생왈　　　③ 생활　　　④ 생왈

21) ― まず

☑ ① 우손　　　② 우선　　　③ 으손　　　④ 으선

22) ― コンビニエンスストア

☑ ① 변의점　　② 버니점　　③ 평이점　　④ 편의점

23) ― 暗記します

☑ ① 외워요　　② 에워요　　③ 웨어요　　④ 웨워요

24) ― 過ち

☑ ① 찰못　　　② 찰몯　　　③ 잘못　　　④ 잘몯

25) ― 守ります

☑ ① 치껴요　　② 지껴요　　③ 치켜요　　④ 지켜요

26) ― バスケットボール

☑ ① 논구　　　② 농구　　　③ 넝구　　　④ 농그

➡ 【正答】は32ページ、【解説】は205ページへ

27) ― 昨年

☑ ① 작년 　　　② 장년 　　　③ 작논 　　　④ 장논

28) ― 一緒に

☑ ① 함케 　　　② 한케 　　　③ 함께 　　　④ 한께

29) ― 聞こえます

☑ ① 툴려요 　　② 툴려요 　　③ 틀려요 　　④ 들려요

30) ― 楽です

☑ ① 편해요 　　② 평해요 　　③ 폄해요 　　④ 폰해요

31) ― カレンダー

☑ ① 탈녁 　　　② 달력 　　　③ 탈력 　　　④ 달녁

32) ― 削ります

☑ ① 깍아요 　　② 꺽어 　　　③ 깎아요 　　④ 꺾어요

33) ― パーセント

☑ ① 파센트 　　② 파샌뜨 　　③ 퍼센뜨 　　④ 퍼센트

34) ― 一晩

☑ ① 하루밤 　　② 하룻밤 　　③ 하룬밤 　　④ 하루빰

35) ― 必ず

☑ ① 반드시 　　② 반드씨 　　③ 반듯이 　　④ 방드시

---

1 発音問題 ／ 2 表記問題　正答

➡ 発音問題は24ページ、解説は202ページへ、
　表記問題は28ページ、解説は204ページへ

1 発音問題				2 表記問題			
問題	正答	問題	正答	問題	正答	問題	正答
1	③	19	③	1	④	19	①
2	②	20	②	2	②	20	③
3	④	21	③	3	③	21	②
4	②	22	④	4	①	22	④
5	③	23	①	5	③	23	①
6	①	24	④	6	②	24	③
7	④	25	②	7	④	25	④
8	③	26	①	8	②	26	②
9	①	27	④	9	①	27	①
10	③	28	③	10	④	28	③
11	②	29	②	11	③	29	④
12	④	30	④	12	④	30	①
13	③	31	①	13	③	31	②
14	①	32	③	14	②	32	③
15	④	33	②	15	①	33	④
16	②	34	④	16	③	34	②
17	①	35	①	17	②	35	①
18	②			18	④		

※ 全問正解になるまで繰り返し練習をしてください。

第2章

語彙問題

	問題類型	出題問題数	配点
1	単語選択問題	5	1
2	短文の空所補充問題	3	2
3	対話文の空所補充問題	3	2
4	語句の置き換え問題	2	2

語彙に関する問題

1 出題内容

語彙に関する問題は、
①日本語の単語に該当する韓国語の単語を選ぶ問題が5問（配点各1点）、
②短文を提示し、文中の空所に入れるのに適切な語句を選ぶ短文の空所補
充問題が3問（配点各2点）、③対話文を提示し、文中の空所に入れるのに
適切な語句を選ぶ対話文の空所補充問題が3問（配点各2点）、④短文を提
示し、文中の語句と置き換えが可能な表現を選ぶ置き換え問題が2問（配
点各2点）出題される。語彙関係の問題はすべて4級の出題範囲の語彙から
出題される。

1 単語選択問題

日本語の単語を提示し、それに該当する韓国語の単語はどれかを選ぶ問題である。
名詞と副詞が多く出題される傾向にある。

2 短文の空所補充問題

短文を提示し、文中の空所に入る語句を選ぶ問題である。空所に入る語句は、名詞、
用言（動詞・形容詞）、副詞が品詞別にそれぞれ1問ずつ出題される。

3 対話文の空所補充問題

短い対話文を提示し、文中の空所に入る語句を選ぶ問題である。空所に入る語句は、
名詞、用言（動詞・形容詞）、副詞が品詞別にそれぞれ1問ずつ出題される。
これらの空所補充問題は、名詞や動詞など単語単体としてではなく、名詞と動詞の密
接な結びつきである連語からもよく出題される。

4 語句の置き換え問題

短文を提示し、文中の下線部の部分と置き換えが可能な語句を選ぶ問題である。文
全体の意味と選択肢の語句の意味が理解できる語彙力が求められる。

2 問題類型

問題類型1　単語選択問題

- 日本語の単語を提示し、それに該当する韓国語の単語を選ぶ問題が5問（配点各1点）出題される。
- 問題は、ほぼ品詞別に名詞2問、用言（動詞・形容詞）1問、副詞2問の割合の構成で出題される。すべて4級出題範囲の単語から出題されるので、出題範囲の語彙リストをきちんと覚えておく必要がある。

➡ 4級出題範囲の語彙リストは39～45ページを参照

例題　　次の日本語に当たるものを①～④の中から1つ選びなさい。

〈1点 × 5問〉

1）左
　　① 동쪽　　　　② 저쪽　　　　③ 왼쪽　　　　④ 오른쪽

2）カレンダー
　　① 연락　　　　② 달력　　　　③ 도장　　　　④ 달걀

3）似合う
　　① 어리다　　　② 비슷하다　　③ 열리다　　　④ 어울리다

4）そのまま
　　① 그대로　　　② 우선　　　　③ 아마　　　　④ 그래서

5）そんなに
　　① 그러니까　　② 가장　　　　③ 그런　　　　④ 그렇게

正解　1）③　　2）②　　3）④　　4）①　　5）④

解説　1）왼쪽
　　　　① 東　　　　② あちら　　③ 左　　　　④ 右
　　　2）달력
　　　　① 連絡　　　② カレンダー　③ ハンコ　　④ 卵
　　　3）어울리다
　　　　① 幼い　　　② 似ている　③ 開かれる　④ 似合う

4) 그대로
    ① 그냥 ~~그러나~~   ② 먼저   ③ 多分   ④ それで

4) 그대로
    ① そのまま   ② まず   ③ 多分   ④ それで
5) 그렇게
    ① だから   ② 最も   ③ そんな   ④ そんなに

問題類型2   短文の空所補充問題

- 短文を提示し、文中の空所に入れるのに適切な語句を選ぶ問題が3問（配点各2点）出題される。
- 空所に入れる語句は、名詞、用言（動詞・形容詞）、副詞が対象になるが、中でも連語として使われる動詞が多く出題される傾向にある。
- 短文の内容を把握し、空所前後の文脈に注意して空所に適した語句を選ぶ必要がある。普段から個別の単語としてではなく、連語のように単語と単語の結び付きなどに注意して覚えるようにしよう。
- ➡ 4級出題範囲の語彙、連語リストは39～47ページを参照

例題 （   ）の中に入れるのに最も適切なものを①～④の中から1つ選びなさい。   〈2点 × 3問〉

1) 다음 주에 발표하는 （   ） 바꾸고 싶어요.
    ① 선수를   ② 사실을   ③ 순서를   ④ 성함을
2) 소금을 많이 넣어서 （   ）.
    ① 쳐요   ② 짜요   ③ 풀어요   ④ 달아요
3) 약속은 （   ） 지켜야 합니다.
    ① 이처럼   ② 무척   ③ 벌써   ④ 반드시

正解 1) ③   2) ②   3) ④

解説 1) 来週発表する（   ）変えたいです。
    ① 選手を   ② 事実を   ③ 順序を   ④ お名前を
  2) 塩をたくさん入れたので（   ）。
    ① 打ちます   ② しょっぱいです   ③ 解きます   ④ 甘いです
  3) 約束は（   ）守らなければなりません。
    ① このように   ② とても   ③ すでに   ④ 必ず

問題類型3　対話文の空所補充問題

- 2行程度の短い対話文を提示し、文中の空所に入れるのに適切な語句を選ぶ問題が3問（配点各2点）出題される。
- 空所に入れる語句は、品詞別に名詞1問、用言（動詞・形容詞）1問、副詞1問の割合の構成で出題される。
- 対話の内容と文脈を理解し、空所に適した選択肢を選べる語彙力が求められる。空所前後の内容に注意しながら選択肢を空所に入れて、文脈として適しているかを確認する。

例題　（　　　）の中に入れるのに最も適切なものを①〜④の中から1つ選びなさい。　〈2点 × 3問〉

1）A：방이 좀 덥지 않아요?
　　B：그럼 （　　　）을 열어 놓을까요?
　　① 출신　　　　② 출구　　　　③ 찬물　　　　④ 창문

2）A：휴가 계획은 （　　　）?
　　B：아뇨, 아직 정하지 못했어요.
　　① 세웠어요　　② 생겼어요　　③ 섰어요　　　④ 쉬었어요

3）A：지난번에 빌린 책 가지고 왔어요?
　　B：아, 잊어버렸어요. 다음에 （　　　） 가지고 올게요.
　　① 벌써　　　　② 꼭　　　　③ 늘　　　　　④ 그냥

正解　1）④　　2）①　　3）②

解説　1）A：部屋が少し暑くないですか。
　　　　　B：では（　　）を開けておきましょうか。
　　　　　① 出身　　　② 出口　　　③ 冷水　　　④窓
　　　　2）A：休暇の計画は（　　）。
　　　　　B：いいえ、まだ決めていません。
　　　　　① 立てましたか　② できましたか　③ 立ちましたか　④ 休みましたか
　　　　3）A：先日借りた本は持ってきましたか。
　　　　　B：あ、忘れました。次に（　　）持ってきます。
　　　　　① すでに　　② 必ず　　③ いつも　　④ そのまま

問題類型4　語句の置き換え問題

- 短文を提示し、文中の下線部の語句と同じ意味で置き換えが可能な表現を選ぶ問題が2問（配点各2点）出題される。
- 問題は、名詞や用言を用いた語句、副詞などの置き換えが幅広く出題される。4級出題範囲の語彙をきちんと理解しているかが問われる。
- 文の意味を確認したうえで、下線部の語句と選択肢の語句を置き換えても内容的に同じになるかを判断する。

 例題 1　文の意味を変えずに、下線部の言葉と置き換えが可能なものを①〜④の中から1つ選びなさい。　　　　　　　　　　　　　　〈2点 × 2問〉

1) 여동생이 올해 고등학교에 입학했어요.
　　① 들어갔어요　　　② 나왔어요　　　③ 떨어졌어요　　　④ 다녀왔어요

2) 그 선수는 진짜 멋있어요.
　　① 절대로　　　　　② 거의　　　　　③ 정말　　　　　　④ 자주

正解　1) ①　　　2) ③

解説　1) 妹が今年高校に入学しました。
　　① 入りました　　② 出てきました　　③ 落ちました　　④ 行ってきました
　　2) その選手は本当にかっこいいです。
　　① 絶対に　　　　② ほとんど　　　③ 本当に　　　④ しょっちゅう

例題 2　文の意味を変えずに、下線部の言葉と置き換えが可能なものを①〜④の中から1つ選びなさい。　　　　　　　　　　　　　　〈2点 × 2問〉

1) 이틀 전에 연락을 받았어요.
　　① 내일　　　　　　② 모레　　　　　③ 어제　　　　　　④ 그저께

2) 여기 숟가락이 두 개 더 필요해요.
　　① 달라져요　　　　② 빌리세요　　　③ 모자라요　　　④ 나눠 줘요

正解　1) ④　　　2) ③

解説　1) 二日前に連絡を受けました。
　　① 明日　　　　　② あさって　　　③ 昨日　　　④ おととい
　　2) ここにスプーンがもう2個必要です。
　　① 変わります　　　② 借りてください　③ 足りません　④ 分けてください

4級出題の語彙リスト

合格資料−7　4級出題範囲の名詞

1　人・職業など

□ 가수	歌手	□ 부장님	部長(敬称)	□ 어머님	お母様
□ 교사	教師	□ 사장	社長	□ 엄마	ママ、お母さん
□ 교수	教授	□ 사장님	社長(敬称)	□ 여러분	みなさん
□ 교수님	教授(敬称)	□ 선수	選手	□ 여성	女性
□ 그	彼・彼女・その人	□ 소설가	小説家	□ 역사가	歴史家
□ 그들	彼ら、彼女ら	□ 스타	スター	□ 외국인	外国人
□ 남성	男性	□ 아가씨	お嬢さん	□ 유학생	留学生
□ 부모	父母、両親	□ 아버님	お父様	□ 졸업생	卒業生
□ 부모님	父母(敬称)	□ 아빠	パパ、お父さん	□ 주부	主婦
□ 부부	夫婦	□ 아줌마	おばさん	□ 형제	兄弟
□ 부인	婦人	□ 어른	大人、目上の人	□ 회사원	会社員
□ 부장	部長	□ 어린이	子供、児童		

2　身体名称など

□ 눈물	涙	□ 손가락	手の指	□ 이	歯
□ 늦잠	朝寝坊	□ 어깨	肩	□ 이마	額
□ 등	背中	□ 오른발	右足	□ 잠	眠り
□ 땀	汗	□ 오른손	右手	□ 콧물	鼻水
□ 목	首、喉	□ 왼발	左足	□ 피	血、血液
□ 목소리	声	□ 왼손	左手	□ 흰머리	白髪

3　自然・動物など

□ 돌	石	□ 밤하늘	夜空	□ 섬	島
□ 동물	動物	□ 별	星	□ 하늘	空
□ 물고기	魚	□ 봄날	春の日	□ 하늘나라	天国
□ 바람	風	□ 봄바람	春風	□ 해	太陽
□ 반달	半月	□ 비바람	雨風		

4　地域・場所・位置関係など

□ 가운데	中、まん中	□ 데	ところ	□ 서쪽	西、西の方
□ 거리	街、通り	□ 도	道(日本の県相当)	□ 수도	首都
□ 고향	故郷	□ 도시	都市	□ 시	市
□ 곳	所、場所、場	□ 동	洞(日本の町相当)	□ 시내	市内
□ 구	区(日本の区相当)	□ 동쪽	東、東の方	□ 양쪽	両側
□ 그곳	そこ	□ 맞은편	向かい側	□ 영국	イギリス
□ 그쪽	そっち、そちら側	□ 미국	アメリカ	□ 오른쪽	右、右側
□ 근처	近く	□ 방향	方向	□ 왼쪽	左、左側
□ 남북	南北	□ 북쪽	北、北方	□ 이곳	ここ
□ 남쪽	南、南の方	□ 사이	間	□ 이곳저곳	あっちこっち

| □ 이리저리 | あっちこっち | □ 저곳 | あそこ、そこ | □ 중국 | 中国 |
| □ 이쪽 | こっち、こちら側 | □ 저쪽 | あっち、あちら側 | □ 지방 | 地方 |

5　飲食物・食材など

□ 갈비	カルビ	□ 도시락	弁当	□ 배추김치	白菜キムチ
□ 갈비탕	カルビスープ	□ 두부	豆腐	□ 쌀	米
□ 고추장	コチュジャン	□ 떡	餅	□ 야채	野菜
□ 고춧가루	唐辛子粉	□ 떡국	トックク、餅入りの	□ 오이	キュウリ
□ 과자	菓子		スープ	□ 음료수	飲み物
□ 귤	ミカン	□ 떡볶이	トッポギ	□ 점심	昼食
□ 김	海苔	□ 라면	ラーメン	□ 찬물	冷水
□ 김밥	海苔巻き	□ 맥주	ビール	□ 콜라	コーラ
□ 단맛	甘味	□ 무	大根	□ 토마토	トマト
□ 달걀	卵	□ 반찬	おかず	□ 파	ネギ
□ 더운물	湯	□ 배추	白菜	□ 홍차	紅茶

6　建物・施設など

□ 건물	建物	□ 벽	壁	□ 책방	本屋
□ 계단	階段	□ 부엌	台所	□ 초등학교	小学校
□ 공원	公園	□ 시청	市庁	□ 출구	出口
□ 노래방	カラオケ	□ 약국	薬局	□ 카페	カフェ
□ 다리	橋	□ 어린이집	保育園	□ 커피숍	コーヒーショップ
□ 대학원	大学院	□ 입구	入り口	□ 큰길	大通り
□ 댁	お宅	□ 중학교	中学校	□ 편의점	コンビニエンスストア
□ 백화점	デパート	□ 창문	窓		

7　乗り物・スポーツなど

□ 농구	バスケットボール	□ 새 차	新車	□ 자동차	自動車
□ 배	船、舟	□ 시합	試合	□ 자전거	自転車
□ 배구	バレーボール	□ 신호등	信号	□ 탁구	卓球

8　時間関係のことば

□ 그날	その日	□ 매주	毎週	□ 이날	この日
□ 그때	その時	□ 며칠	何日	□ 이달	今月
□ 그저께	おととい	□ 몇 월	何月	□ 이때	この時
□ 그제	おととい	□ 반년	半年	□ 이번	今回
□ 날짜	日取り、日付	□ 반달	半月	□ 이틀	二日間
□ 다음 날	翌日	□ 새해	新年	□ 이후	以後
□ 다음 해	翌年	□ 어린이날	子供の日	□ 전	前
□ 때	時	□ 어저께	昨日	□ 지난번	前回
□ 매년	毎年	□ 옛날	昔	□ 지난해	昨年
□ 매달	毎月	□ 오래간만	久しぶり	□ 하루	一日
□ 매번	毎回	□ 요즘	最近、近頃	□ 후	後、のち

9　日用品など

□ 거울	鏡	□ 그림	絵	□ 디브이디	ＤＶＤ
□ 계산기	計算機、電卓	□ 달력	カレンダー	□ 라디오	ラジオ
□ 공	ボール	□ 담배	タバコ	□ 만화	漫画
□ 그릇	器	□ 도장	ハンコ、印鑑	□ 모자	帽子

物、品物	손수건	ハンカチ	젓가락	箸
□ 물건	物、品物	□ 손수건	ハンカチ	□ 젓가락	箸
□ 물수건	おしぼり	□ 수건	タオル、手ぬぐい	□ 지갑	財布
□ 밥그릇	ご飯茶碗	□ 숟가락	スプーン	□ 지도	地図
□ 병	瓶	□ 신	履物、靴	□ 창문	窓
□ 비누	石けん	□ 약	薬	□ 카메라	カメラ
□ 사전	辞典、辞書	□ 양복	スーツ、背広	□ 칼	ナイフ、刃物
□ 사진기	カメラ	□ 음반	CD、レコード	□ 타월	タオル
□ 색연필	色鉛筆	□ 인터넷	インターネット	□ 티켓	チケット
□ 세수	洗顔	□ 잡지	雑誌	□ 팩스	ファックス
□ 세숫비누	洗顔石けん	□ 저고리	チョゴリ	□ 표	切符、券、チケット
□ 소설	小説	□ 전화번호부	電話帳	□ 피아노	ピアノ
□ 소설책	小説	□ 접시	皿		

10 生活関係・その他

□ 가능	可能	□ 마찬가지	同様	□ 쇼핑	ショッピング
□ 감사	感謝	□ 말씀	おことば	□ 수	数
□ 걱정	心配	□ 모양	形、様子	□ 수고	苦労
□ 건강	健康	□ 목욕	入浴	□ 순서	順序
□ 건배	乾杯	□ 목적	目的	□ 실례	失礼
□ 검은색	黒色	□ 문장	文章	□ 아르바이트	アルバイト
□ 게임	ゲーム	□ 문제점	問題点	□ 알바	アルバイト
□ 결과	結果	□ 문화	文化		(省略形)
□ 결정	決定	□ 발음	発音	□ 약속	約束
□ 계산	計算	□ 발전	発展	□ 여기저기	あっちこっち
□ 계속	継続、引き続き	□ 발표	発表	□ 여러 가지	各種、いろいろ(な)
□ 계획	計画	□ 방법	方法	□ 역사	歴史
□ 고급	高級	□ 방향	方向	□ 역사적	歴史的
□ 그룹	グループ	□ 번역	翻訳	□ 연극	演劇、芝居
□ 그중	その中	□ 번호	番号	□ 연락	連絡
□ 글자	字、文字	□ 보통	普通	□ 연락처	連絡先
□ 급	級	□ 부엌일	台所仕事	□ 연세	お年
□ 기억	記憶	□ 부탁	依頼、お願い、頼み	□ 연습	練習
□ 꿈	夢	□ 사랑	愛	□ 영향	影響
□ 꿈속	夢の中	□ 사실	事実	□ 예	例
□ 내용	内容	□ 사이	間、仲	□ 예문	例文
□ 냄새	匂い	□ 사이사이	合間	□ 예정	予定
□ 노력	努力	□ 사회	社会	□ 외국어	外国語
□ 능력	能力	□ 색	色	□ 요구	要求
□ 대답	返事、答え	□ 색깔	色彩	□ 움직임	動き
□ 도착	到着	□ 생활	生活	□ 유학	留学
□ 독서	読書	□ 서로	互い、互いに	□ 음악회	音楽会
□ 때문	～のせい、	□ 선	線	□ 의견	意見
	～のため	□ 설명	説明	□ 의미	意味
□ 뜻	意味	□ 성함	お名前	□ 이것저것	あれこれ
□ 마지막	最後、終わり	□ 소개	紹介	□ 이상	以上

□ 이상	異常	□ 졸업	卒業	□ 출발	出発
□ 이용	利用	□ 주소	住所	□ 출신	出身
□ 이유	理由	□ 주의	注意	□ 콘서트	コンサート
□ 이전	以前	□ 준비	準備	□ 프린트	プリント
□ 이하	以下	□ 준비물	持ち物	□ 필요	必要
□ 이해	理解	□ 중급	中級	□ 한자	漢字
□ 인기	人気	□ 중요	重要	□ 해외	海外
□ 인사	あいさつ	□ 중요성	重要性	□ 해외여행	海外旅行
□ 인사말	あいさつの言葉	□ 지각	遅刻	□ 혼자	一人、単独で
□ 입학	入学	□ 지도	指導	□ 홈페이지	ホームページ
□ 잘못	過ち、間違い、誤り	□ 지식	知識	□ 회의	会議
□ 잠	眠り	□ 직업	職業	□ 회화	会話
□ 장보기	ショッピング	□ 진짜	本物、本当	□ 횟수	回数
□ 전화번호	電話番号	□ 질문	質問	□ 휴가	休暇、休み
□ 점	点	□ 차례	順序、順番	□ 흰색	白色
□ 정도	程度	□ 차이	差異、差、違い	□ 힘	力
□ 제목	タイトル、表題	□ 차이점	違い、差異点		
□ 조건	条件	□ 초급	初級		

11　単位名詞など

□ 그램	～グラム (g)	□ 세	～歳	□ 킬로그램	～キログラム (kg)
□ 급	～級	□ 센티미터	～センチメートル (cm)	□ 킬로미터	～キロメートル (km)
□ 도	～度（温度、角度など）	□ 인	～人 (にん)、人 (じん)	□ 퍼센트	～パーセント (%)
				□ 페이지	ページ、～ページ
□ 등	～等（順位・等級）	□ 잔	杯、～杯	□ 학기	学期、～学期
		□ 점	点、～点	□ 학년	学年、～年生
□ 미터	～メートル (m)	□ 초①	～秒	□ 해	年、～年
□ 별	～着（衣服）	□ 초②	初～、～初め	□ 회	～回、～会

合格資料−8　4級出題範囲の数詞

□ 영	零、ゼロ	□ 마흔	四十	□ 일흔	七十
□ 석	三～、三つの～	□ 쉰	五十	□ 여든	八十
□ 서른	三十	□ 예순	六十	□ 아흔	九十

合格資料−9　4級出題範囲の連体詞など

□ 그런	そのような	□ 아무	何の、誰の	□ 약	約、およそ
□ 모든	あらゆる、すべての	□ 아무것	何、何も	□ 여러	いろいろな
		□ 아무나	誰でも	□ 이런	このような
□ 새	新しい	□ 아무도	誰も	□ 저런	あのような

감다①	(髪を) 洗う	다치다	怪我をする	묻다	尋ねる、問う
감다②	(目を) 閉じる	닦다	磨く、拭く	물어보다	聞いてみる
걱정되다	心配になる	달라지다	変化する	믿다	信じる
걱정하다	心配する	달리다	走る	바꾸다	変える、交換する
건배하다	乾杯する	담다	入れる、込める	발음되다	発音される
걷다	歩く	답하다	答える	발음하다	発音する
걸다	かける	대답하다	答える	발전하다	発展する
결정되다	決定される	도와주다	助けてやる	발표되다	発表される
결정하다	決定する	도착하다	到着する	발표하다	発表する
계산되다	計算される	독서하다	読書する	방학하다	(学校の) 休みに入る
계산하다	計算する	돌다	回る、巡る、曲がる	버리다	捨てる
계속되다	続く	돌려주다	返す	번역되다	翻訳される
계속하다	継続する、続ける	돌아가다	帰る、戻る	번역하다	翻訳する
계획되다	計画される	돌아오다	帰ってくる、戻ってくる	보이다①	見える
계획하다	計画する			보이다②	見せる
그리다	描く	되다	なる、できる	뵙다	お目にかかる
기억되다	記憶される	두다	置く、設ける	부르다①	呼ぶ、歌う
기억하다	記憶する	드리다	差し上げる	불다	吹く
깎다	削る、刈る、値引きする、(果物の皮を)むく	듣다	聞く、聴く、効く	붙다	付く、引っ付く
		들다①	入る	붙이다	付ける、貼る
깨다	覚める、覚ます	들다②	上げる、持つ	비다	空く、空いている
꾸다	(夢を) 見る	들리다	聞こえる	빌리다	借りる、貸す
끄다	消す	들어가다	入る	생기다	生じる、できる
끊다	切る、断つ	들어오다	入ってくる	생활하다	生活する
끝내다	終える	떠나다	出発する、離れる	서다	立つ、とまる
나누다	分ける、交わす	떨어지다	落ちる、離れる、使い果たしてなくなる	설명되다	説明される
나타나다	現れる			설명하다	説明する
나타내다	表す	뛰다	走る、はねる	세다	数える
남기다	残す	뜨다	(目を) 開く	세수하다	洗顔する
남다	残る	뜻하다	意味する	소개되다	紹介される
낫다	治る	마치다	終える	소개하다	紹介する
넘다	越える	말씀드리다	申し上げる、お話しする	쉬다	休む
노력하다	努力する			싸우다	争う、けんかする
놀라다	驚く	말씀하시다	おっしゃる	씻다	洗う
눕다	横になる	맞다	合う、正しい	알리다	知らせる
느끼다	感じる	맞추다	当てる、合わせる、あつらえる	알아듣다	理解する、聞き取る
늘다	伸びる、増える、上達する			약속되다	約束される
		모으다	集める、ためる	약속하다	約束する
늦다	遅れる	모이다	集まる、たまる	어울리다	似合う、交わる
다녀오다	行って来る	모자라다	足りない	얻다	得る、もらう
다르다	違う、異なる、別だ	목욕하다	風呂に入る		

□ 연락하다	連絡する	□ 입학하다	入学する	□ 찾아가다	訪ねて行く、
□ 연습하다	練習する	□ 잊어버리다	忘れてしまう		会いに行く
□ 열리다	開かれる、開く	□ 자라다	育つ、成長する	□ 찾아오다	訪ねて来る、
□ 예정되다	予定される	□ 잘못하다	間違う、間違える		会いに来る
□ 오르다	登る、上がる、乗る	□ 잡다	つかむ、握る	□ 출발하다	出発する
□ 올라가다	登る、上がる、	□ 잡수시다	召し上がる	□ 치다	打つ、たたく
	昇る、上京する	□ 정하다	決める、定める	□ 켜다	(火等を)点ける、弾く
□ 올라오다	上がって来る、	□ 졸업하다	卒業する	□ 통하다	通じる
	上京してくる	□ 주무시다	お休みになる	□ 틀리다	違う、間違える、誤る
□ 올리다	上げる、	□ 주의하다	注意する	□ 펴다	広げる、開く、
	(式を)挙げる	□ 죽다	死ぬ		伸ばす、敷く
□ 외우다	覚える、暗記する	□ 준비되다	準備される	□ 풀다	解く、ほどく、
□ 유학하다	留学する	□ 준비하다	準備する		ほぐす、(鼻を)かむ
□ 의미하다	意味する	□ 지각하다	遅刻する	□ 피다	咲く
□ 이기다	勝つ	□ 지내다	過ごす、暮らす、	□ 피우다	(タバコを)吸う、
□ 이용되다	利用される		付き合う		(火を)起こす、
□ 이용하다	利用する	□ 지다	負ける、敗れる		咲かせる
□ 이해되다	理解できる	□ 지도하다	指導する	□ 함께하다	共にする
□ 이해하다	理解する	□ 지키다	守る、保つ	□ 회의하다	会議する
□ 인사하다	挨拶する	□ 질문하다	質問する	□ 흐르다	流れる
□ 일어서다	立ち上がる	□ 짓다	作る、建てる、	□ 흐리다	曇っている、
□ 잃다	失う、なくす		(ごはんを)炊く、		濁る、曇らす
□ 잃어버리다	なくす、失う		(名前を)付ける		

４級出題範囲の形容詞

□ 가능하다	可能だ	□ 밝다	明るい、	□ 재미없다	面白くない
□ 가볍다	軽い		(夜、年が)明ける	□ 재미있다	面白い
□ 강하다	強い	□ 부르다②	(おなかが)いっ	□ 적다	少ない
□ 건강하다	健康だ		ぱいだ	□ 젊다	若い
□ 검다	黒い	□ 비슷하다	似ている	□ 좁다	狭い
□ 기쁘다	嬉しい	□ 빠르다	速い、早い	□ 중요하다	重要だ、大事だ
□ 깊다	深い	□ 슬프다	悲しい	□ 짜다	塩辛い、しょっぱい
□ 넓다	広い	□ 아름답다	美しい	□ 편안하다	安らかだ
□ 달다	甘い	□ 약하다	弱い	□ 편하다	気楽だ、楽だ、便利だ
□ 따뜻하다	暖かい	□ 어둡다	暗い	□ 필요하다	必要だ
□ 맵다	辛い	□ 어리다	幼い	□ 희다	白い
□ 멋있다	素敵だ、かっこいい	□ 예쁘다	きれいだ、かわいい	□ 힘들다	大変だ、骨が折れる
□ 무겁다	重い	□ 옳다	正しい		
□ 바쁘다	忙しい	□ 이상하다	異常だ、変だ		

合格資料－12　4級出題範囲の副詞

□ 가끔	たまに、時たま	□ 반드시	必ず、きっと	□ 잘못	間違って、誤って、
□ 가장	最も	□ 벌써	もう、既に	□ 잠깐	しばらく、
□ 갑자기	突然、急に	□ 서로	互い、互いに		しばらくの間
□ 거의	ほとんど	□ 아까	さっき	□ 잠깐만	ちょっと、しばらく
□ 겨우	やっと、ようやく	□ 아마	恐らく、多分	□ 잠시	しばらく、
□ 계속	引き続き、ずっと	□ 아마도	恐らく、多分		しばらくの間
□ 그냥	そのまま、ただ	□ 아직	まだ、いまだに	□ 잠시후	しばらくして
□ 그대로	そのまま	□ 아직까지	いまだに、まだ	□ 저렇게	あのように、
□ 그래서	それで、だから	□ 아직도	いまだに、今なお		あんなに
□ 그러나	しかし	□ 어서	はやく、どうぞ	□ 전혀	まったく、全然
□ 그러니까	だから	□ 얼마나	どれぐらい、	□ 절대 [로]	絶対 (に)
□ 그렇게	そのように、		いくらぐらい	□ 정말로	本当に、誠に
	それほど、非常に	□ 역시	やはり	□ 조금	少し、ちょっと、やや
□ 그렇지만	だが、でも、	□ 열심히	熱心に、一生懸命に	□ 조금도	少しも
	しかしながら	□ 우선	まず、ともかく	□ 좀 더	もう少し
□ 꼭	必ず、きっと	□ 이렇게	このように、こんなに	□ 진짜로	本当に
□ 늘	いつも、常に	□ 이제	今、もうすぐ、	□ 참	本当に、とても
□ 더욱	もっと、さらに、一層		もう、すでに	□ 참으로	本当に
□ 또는	または	□ 이처럼	このように	□ 함께	一緒に、共に
□ 만일	万一、もし	□ 일찍	早く	□ 혹시	もしも、万一、
□ 매우	とても、非常に	□ 자꾸	しきりに、何度も		ひょっとして
□ 무척	とても、非常に	□ 자주	しょっちゅう、	□ 혼자	一人、単独で
□ 바로	真っ直ぐに、すぐ、まさに		しばしば		

合格資料－13　4級出題範囲の接辞

□ 미 -	未〜	□ - 기	〜機	□ - 시키다	〜させる
□ 초 -	初〜	□ - 기	〜器	□ - 원	〜員
□ 대 -	大〜	□ - 기	〜期	□ - 인	〜人 (じん)
□ 매 -	毎〜	□ - 님	〜様、〜さん、〜殿	□ - 장	〜長
□ 소 -	小〜	□ - 말	〜末	□ - 적	〜的
□ 수 -	数〜	□ - 비	〜費	□ - 초	〜初め、〜初期
□ - 가	〜家	□ - 사	〜社	□ - 학	〜学
□ - 간	〜間 (期間)	□ - 생	〜生まれ、	□ - 행	〜行き
□ - 관	〜館		〜育ち	□ - 회	〜会

4級出題範囲の連語

□ 눈을 감다	目を閉じる
□ 눈을 뜨다	目を開ける
□ 늦잠을 자다	朝寝坊をする

ㄱ

□ 가방을 들다	かばんを持つ
□ 가슴 속에 남다	心に残る
□ 가슴을 열다	心を開く
□ 가슴이 아프다	胸が痛む
□ 감기가 들다	風邪をひく
□ 건물을 세우다	建物を建てる
□ 건물을 짓다	建物を建てる
□ 결과가 나오다	結果が出る
□ 결정을 내리다	決定を下す
□ 결정을 짓다	決定する
□ 결정이 나다	決まる
□ 계단을 오르다	階段を上がる
□ 계획을 세우다	計画を立てる
□ 고향을 떠나다	故郷を離れる
□ 공을 치다	球を打つ
□ 관심을 가지다	関心を持つ
□ 관심을 보이다	関心を示す
□ 그림을 그리다	絵を描く
□ 글을 짓다	文章をつくる
□ 기억이 나다	思い出す
□ 길을 걷다	道を歩く
□ 길을 잃다	道に迷う
□ 꽃이 피다	花が咲く
□ 꿈에서 깨다	夢から覚める
□ 꿈을 꾸다	夢を見る

ㄴ

□ 나이가 들다	年を取る
□ 나이가 많다	年を取っている
□ 나이를 먹다	年を取る
□ 날이 밝다	夜が明ける
□ 날짜를 잡다	日にちを決める
□ 날짜를 정하다	日取りを決める
□ 냄새가 나다	においがする
□ 노래를 부르다	歌を歌う
□ 눈물이 나다	涙が出る
□ 눈물이 많다	涙もろい
□ 눈물이 흐르다	涙が流れる
□ 눈물짓다	涙ぐむ

ㄷ

□ 다리를 놓다	橋を架ける
□ 다시 말하면	言い換えれば
□ 다시 말해서	つまり、即ち
□ 담배를 끄다	タバコを消す
□ 담배를 끊다	タバコをやめる
□ 담배를 피우다	タバコを吸う
□ 도장을 찍다	ハンコを押す
□ 땀이 나다	汗が出る

ㅁ

□ 마음에 들다	気に入る
□ 마음을 먹다	決心する
□ 마음을 열다	心を開く
□ 마음이 가볍다	気持ちが軽い
□ 마음이 무겁다	気が重い
□ 마음이 아프다	胸が痛い
□ 마음이 좋다	気立てが良い
□ 마음이 통하다	心が通じる
□ 말을 걸다	話しかける
□ 말을 나누다	ちょっと話をする
□ 말을 시키다	話をさせる
□ 말이 안 되다	話にならない
□ 머리를 감다	髪を洗う
□ 머리를 깎다	髪を切る、散髪する
□ 머릿속에 그리다	頭の中に描く
□ 모자를 벗다	帽子を脱ぐ
□ 모자를 쓰다	帽子をかぶる
□ 목욕을 하다	風呂に入る
□ 문제가 생기다	問題が生じる

ㅂ

□ 밥을 짓다	ご飯を炊く
□ 방학을 하다	休みに入る
□ 방향을 잃다	方向を失う
□ 병이 나다	病気になる

□ 병이 들다	病気になる	□ 잠이 들다	眠りにつく
□ 불을 켜다	電気を点ける	□ 잠이 오다	眠気がさす
□ 불이 나다	火事になる	□ 전화를 걸다	電話をかける
□ 불이 붙다	火が付く	□ 전화를 끊다	電話を切る
		□ 주의를 받다	注意を受ける
		□ 집을 짓다	家を建てる

ㅅ

□ 사과를 깎다	リンゴをむく
□ 사이가 좋다	仲がいい
□ 사전을 찾다	辞書を引く
□ 수를 맞추다	数を合わせる
□ 수를 세다	数を数える
□ 술이 깨다	酔いが覚める
□ 신을 신다	靴を履く

ㅊ

□ 차가 서다	車が止まる
□ 차이가 나다	差が出る
□ 창문을 닦다	窓を拭く

ㅋ

□ 코를 풀다	鼻をかむ
□ 콧물을 닦다	鼻水を拭く
□ 콧물이 나오다	鼻水が出る

ㅇ

□ 아무 문제도 없다	何の問題もない
□ 아무것도 없다	何もない
□ 아무나 괜찮다	誰でもいい
□ 아무도 없다	誰もいない
□ 아직 멀었다	ほど遠い
□ 앞뒤가 안 맞다	前後が合わない
□ 약속대로	約束の通り
□ 약속을 지키다	約束を守る
□ 약을 먹다	薬を飲む
□ 언제 어디서나	いつでもどこでも
□ 여행을 떠나다	旅行に行く
□ 연세가 많다	お年を召された
□ 예를 들다	例を挙げる
□ 예정대로	予定通り
□ 이름을 짓다	名前を付ける
□ 이야기를 나누다	ちょっと話をする、対話をする
□ 이해가 가다	理解ができる
□ 인기가 많다	人気が高い
□ 인기가 있다	人気がある
□ 인사를 나누다	あいさつを交わす

ㅌ

□ 탁구를 치다	卓球をする
□ 택시를 잡다	タクシーを拾う
□ 테니스를 치다	テニスをする

ㅍ

□ 표 파는 곳	チケット売り場
□ 피아노를 치다	ピアノを弾く

ㅎ

□ 하나 둘이 아니다	1つや2つでない
□ 한 두 번이 아니다	一度や二度ではない
□ 힘을 내다	元気を出す
□ 힘을 주다	力を入れる
□ 힘이 나다	元気が出る
□ 힘이 들다	大変だ、難しい

ㅈ

□ 자리에 눕다	床につく、床に横になる
□ 잠을 자다	寝る
□ 잠이 깨다	目が覚める

1 単語選択問題

※ 次の日本語に当たるものを①～④の中から1つ選びなさい。

1) ―建物

☑　① 건강　　　② 건물　　　③ 결정　　　④ 계획

2) ―半月

☑　① 달력　　　② 반찬　　　③ 부엌　　　④ 반달

3) ―職業

☑　① 직업　　　② 출신　　　③ 지갑　　　④ 졸업

4) ―方向

☑　① 방학　　　② 영향　　　③ 방향　　　④ 번호

5) ―向かい側

☑　① 왼쪽　　　② 맞은편　　　③ 오른쪽　　　④ 저쪽

6) ―米

☑　① 쌀　　　② 무　　　③ 귤　　　④ 파

7) ―子供

☑　① 여러분　　　② 아가씨　　　③ 어른　　　④ 어린이

8) ―スプーン

☑　① 젓가락　　　② 그릇　　　③ 숟가락　　　④ 손가락

➡ 問題類型の解説は35ページ、４級出題の語彙リストは39～45ページの合格資料を参照

9) ― ミカン

☑ ① 귤   ② 김   ③ 오이   ④ 칼

10) ― 石けん

☑ ① 이마   ② 비누   ③ 도장   ④ 거울

11) ― 魚

☑ ① 소   ② 돼지   ③ 새   ④ 물고기

12) ― 皿

☑ ① 지갑   ② 지도   ③ 접시   ④ 직업

13) ― 大根

☑ ① 파   ② 무   ③ 두부   ④ 배추

14) ― 白い

☑ ① 깊다   ② 희다   ③ 검다   ④ 옳다

15) ― 召し上がる

☑ ① 주무시다   ② 뵙다   ③ 말씀하시다   ④ 잡수시다

16) ― 弱い

☑ ① 편하다   ② 강하다   ③ 약하다   ④ 어리다

17) ― 理解する

☑ ① 알아듣다   ② 어울리다   ③ 이기다   ④ 이용하다

➡ 【正答】は62ページ、【解説】は206ページへ

第2章 語彙

18) ─ 集まる

☑ ① 모으다　　② 오르다　　③ 모이다　　④ 알리다

19) ─ 重い

☑ ① 넓다　　② 무겁다　　③ 좁다　　④ 어둡다

20) ─ 残す

☑ ① 느끼다　　② 놀라다　　③ 달리다　　④ 남기다

21) ─ 立ち上がる

☑ ① 일어서다　　② 나타나다　　③ 올라오다　　④ 찾아오다

22) ─ 生じる

☑ ① 싸우다　　② 흐리다　　③ 생기다　　④ 나누다

23) ─ 当てる

☑ ① 다치다　　② 맞추다　　③ 지키다　　④ 마치다

24) ─ 必ず

☑ ① 벌써　　② 이제　　③ 반드시　　④ 아까

25) ─ たまに

☑ ① 가장　　② 가끔　　③ 그대로　　④ 더욱

26) ─ まず

☑ ① 자꾸　　② 계속　　③ 갑자기　　④ 우선

➡ 【正答】は62ページ、【解説】は207ページへ

27）―ただ

☑ ① 그냥 ② 일찍 ③ 만일 ④ 무척

28）―たぶん

☑ ① 역시 ② 서로 ③ 아마 ④ 겨우

29）―ほとんど

☑ ① 갑자기 ② 아까 ③ 바로 ④ 거의

30）―あんなに

☑ ① 그렇게 ② 저렇게 ③ 저런 ④ 그런

31）―まったく

☑ ① 전혀 ② 잠시 ③ 열심히 ④ 절대로

32）―ひょっとして

☑ ① 함께 ② 벌써 ③ 혹시 ④ 혼자

33）―しょっちゅう

☑ ① 꼭 ② 자꾸 ③ 늘 ④ 자주

34）―いまだに

☑ ① 아무도 ② 아직도 ③ 아무나 ④ 어서

35）―だから

☑ ① 그러니까 ② 그렇지만 ③ 그러나 ④ 그런데

➡ 【解説】は207ページへ

② 短文の空所補充問題

※ (　　)の中に入れるのに最も適切なものを①〜④の中から1つ選びなさい。

1) —오늘 좋은 (　　)을 많이 들었습니다.
　☑　① 대답　　　　② 발음　　　　③ 말씀　　　　④ 성함

2) —휴가 (　　)는/은 세웠어요?
　☑　① 조건　　　　② 계획　　　　③ 출발　　　　④ 사실

3) —잠시 (　　)를/을 감고 생각해 볼까요?
　☑　① 질문　　　　② 머리　　　　③ 이유　　　　④ 눈

4) —집에서 나가기 전에는 늘 (　　)을/를 봐요.
　☑　① 거울　　　　② 기억　　　　③ 그림　　　　④ 색깔

5) —문장이 어려워서 (　　)를/을 못하겠어요.
　☑　① 회화　　　　② 인사　　　　③ 번역　　　　④ 강의

6) —이틀에 한 번 (　　)를/을 감아요.
　☑　① 수건　　　　② 머리　　　　③ 비누　　　　④ 목욕

7) —소설가가 되는 게 나의 (　　)이에요.
　☑　① 뜻　　　　　② 힘　　　　　③ 벽　　　　　④ 꿈

8) —그 노래를 들으면 (　　)가/이 나요.
　☑　① 땀　　　　　② 병　　　　　③ 눈물　　　　④ 콧물

➡ 問題類型の解説は36ページ、4級出題の語彙、連語リストは39〜47ページの合格資料を参照

9) ―여기는 담배 (   )가/이 나서 싫어요.
☑   ① 냄새   ② 조건   ③ 건강   ④ 건배

10)―이것은 미국 문화의 (   )을/를 받았어요.
☑   ① 내용   ② 영향   ③ 연극   ④ 방향

11)―방이 어두워서 불을 (   ).
☑   ① 깼어요   ② 폈어요   ③ 껐어요   ④ 켰어요

12)―모양이 (   ) 차이를 잘 모르겠어요.
☑   ① 재미없어서   ② 비슷해서   ③ 무거워서   ④ 잊어버려서

13)―이름은 누가 (   ) 주었어요?
☑   ① 지내   ② 자라   ③ 지어   ④ 지켜

14)―친구와 자주 탁구를 (   ) 가요.
☑   ① 치러   ② 풀러   ③ 이기러   ④ 맞추러

15)―1년 사이에 한국어가 많이 (   ).
☑   ① 풀었네요   ② 불었네요   ③ 외웠네요   ④ 늘었네요

16)―비가 오니까 택시를 (   )?
☑   ① 빌릴까요   ② 잡을까요   ③ 출발할까요   ④ 달릴까요

17)―여기에 이름을 쓰고 도장을 (   ) 돼요?
☑   ① 닦으면   ② 찍으면   ③ 얻으면   ④ 넘으면

➡   【正答】は62ページ、【解説】は207、208ページへ

18)——돈이 많이 (　　　) 미국에 유학을 가고 싶어요.

　☑　　① 늘지만　　　　② 빌리지만　　　　③ 걸리지만　　　　④ 들지만

19)——그 얘기를 듣고 슬퍼서 눈물이 (　　　).

　☑　　① 났어요　　　　② 나았어요　　　　③ 느꼈어요　　　　④ 떨어졌어요

20)——밥을 (　　　) 쌀을 사 왔어요.

　☑　　① 세우려고　　　② 지으려고　　　③ 만들려고　　　④ 붙이려고

21)——안경을 (　　　) 잘 안 보여요.

　☑　　① 걸어도　　　　② 해도　　　　　③ 써도　　　　　④ 걸려도

22)——손을 (　　　) 병원에 갔어요.

　☑　　① 어려서　　　　② 이겨서　　　　③ 아파서　　　　④ 다쳐서

23)——이 옷에 (　　　) 모자가 있으면 보여 주세요.

　☑　　① 아름다운　　　② 모자라는　　　③ 어울리는　　　④ 열리는

24)——음식 냄새가 (　　　) 창문을 열어 놓을까요?

　☑　　① 되니까　　　　② 나니까　　　　③ 부니까　　　　④ 흐르니까

25)——약속을 (　　　) 죄송합니다.

　☑　　① 잊어버려서　　② 잃어버려서　　③ 일어서서　　　④ 잘못해서

26)——병이 다 (　　　) 지금은 건강해요.

　☑　　① 지어서　　　　② 누워서　　　　③ 지내서　　　　④ 나아서

➡ 【正答】は62ページ、【解説】は208ページへ

27) ― 내일은 10시까지 (　　) 와야 돼요.
☑　　① 참　　　　　② 일찍　　　　　③ 꼭　　　　　④ 늘

28) ― 다음엔 (　　) 지각하면 안 돼요.
☑　　① 반드시　　　② 절대로　　　　③ 전혀　　　　④ 그대로

29) ― 이렇게 (　　) 찾아와서 죄송해요.
☑　　① 그냥　　　　② 무척　　　　　③ 잘못　　　　④ 갑자기

30) ― 배가 고프시죠? (　　) 드세요.
☑　　① 어서　　　　② 아마　　　　　③ 아까　　　　④ 이제

31) ― 식사할 시간도 (　　) 없을 정도로 바빴어요.
☑　　① 겨우　　　　② 가끔　　　　　③ 거의　　　　④ 매우

32) ― 민수 씨는 (　　) 도서관에서 봤어요.
☑　　① 역시　　　　② 아직　　　　　③ 만일　　　　④ 아까

33) ― (　　) 그날 비가 오면 어떻게 하죠?
☑　　① 자꾸　　　　② 혹시　　　　　③ 아마　　　　④ 함께

34) ― 공항에 (　　) 도착했어요?
☑　　① 가끔　　　　② 잠깐　　　　　③ 벌써　　　　④ 더욱

35) ― 오늘 시합은 1점 차이로 (　　) 이겼어요.
☑　　① 겨우　　　　② 그래서　　　　③ 그러나　　　④ 그냥

➡　【解説】は209ページへ

3 対話文の空所補充問題

※ (   )の中に入れるのに最も適切なものを①〜④の中から1つ選びなさい。

1) ─A : (   ) 시간이 몇 시죠?

B : 열 시요. 아홉 시 오십 분에 여기에 모여 주세요.

☑ ① 출신　　　　② 생활　　　　③ 대답　　　　④ 출발

2) ─A : 이 사진 왼쪽 끝에 서 있는 사람이 누구죠?

B : 글쎄요. (   )이/가 안 나네요.

☑ ① 걱정　　　　② 기억　　　　③ 순서　　　　④ 계산

3) ─A : 휴가 (   )은 세웠어요?

B : 아직 아무것도 정하지 못했어요.

☑ ① 준비　　　　② 여행　　　　③ 계획　　　　④ 예정

4) ─A : 이 흰색 모자 어떠세요?

B : 좋네요. 그런데 (   )이 다른 것은 없어요?

☑ ① 색깔　　　　② 지식　　　　③ 조건　　　　④ 내용

5) ─A : 지금 (   )을 하나 해도 돼요?

B : 괜찮아요. 말해 보세요.

☑ ① 대답　　　　② 발표　　　　③ 질문　　　　④ 설명

6) ─A : 방이 어둡지 않아요?

B : 그럼 (   )를/을 켤까요?

☑ ① 벽　　　　　② 불　　　　　③ 별　　　　　④ 배

➡ 問題類型の解説は37ページ、４級出題の語彙、連語リストは39〜47ページの合格資料を参照

7) ─ A : 점심 먹으러 나갈까요?

　　B : 전 (　　)를/을 가지고 왔어요.

☑　① 식사　　　　② 편의점　　　③ 라면　　　④ 도시락

8) ─ A : 이제부터 (　　)을 맞추어 볼까요?

　　B : 조금만 더 시간을 주세요. 아직 다 풀지 못했어요.

☑　① 답　　　　　② 돌　　　　　③ 등　　　　④ 땀

9) ─ A : 시장에 가서 뭘 샀어요?

　　B : (　　)를/을 만들려고 생선과 야채를 샀어요.

☑　① 김밥　　　　② 반찬　　　　③ 갈비탕　　④ 과자

10) ─ A : 이번 단어 시험, 답은 다 맞았어요?

　　B : 아뇨, 다섯 개 (　　).

☑　① 달렸어요　　② 들렸어요　　③ 통했어요　　④ 틀렸어요

11) ─ A : 서울은 날씨가 어때요?

　　B : 오늘은 바람도 안 (　　) 따뜻해요.

☑　① 흐리고　　　② 피고　　　　③ 불고　　　④ 믿고

12) ─ A : 오늘 배구는 어떻게 됐어요?

　　B : 한국이 (　　).

☑　① 이겼어요　　② 지켰어요　　③ 다쳤어요　　④ 잃어버렸어요

13) ─ A : 미안해요. 갑자기 일이 (　　) 한 시간쯤 늦겠어요.

　　B : 괜찮아요. 기다릴게요.

☑　① 흘러서　　　② 생겨서　　　③ 남겨서　　④ 마쳐서

➡ 【正答】は63ページ、【解説】は210ページへ

14) ── A : 추우니까 김치찌개 먹으러 갈까요?

　　　B : 난 아직 (　　) 걸 못 먹어요.

☑　　① 단　　　　　② 매운　　　　　③ 짠　　　　　④ 찬

15) ── A : 아르바이트는 뭘 하고 있어요?

　　　B : 중국어를 (　　) 일을 하고 있어요.

☑　　① 걱정하는　　　② 번역하는　　　③ 모자라는　　　④ 도와주는

16) ── A : 이 가방 어때요?

　　　B : 좋네요. 옷하고 색깔이 잘 (　　).

☑　　① 달라져요　　　② 나타나요　　　③ 어울려요　　　④ 이해돼요

17) ── A : 아무것도 안 먹었어요?

　　　B : 사과를 한 개 (　　) 먹었어요.

☑　　① 깎아서　　　② 세어서　　　③ 닦아서　　　④ 늘어서

18) ── A : 이 게임은 어떻게 하는 거예요?

　　　B : 그냥 음악에 (　　) 몸을 움직이면 돼요.

☑　　① 나타내서　　　② 싸워서　　　③ 올려서　　　④ 맞춰서

19) ── A : 어제 시험은 어땠어요?

　　　B : (　　) 다 풀었어요. 무척 어려웠어요.

☑　　① 거의　　　② 아마　　　③ 겨우　　　④ 그냥

20) ── A : 저분은 아는 분이세요?

　　　B : 아뇨, (　　) 모르는 사람이에요.

☑　　① 절대로　　　② 조금도　　　③ 가끔　　　④ 전혀

─────────────────────────────

➡　【正答】は63ページ、【解説】は211ページへ

21) ── A : (　　　) 김민수 씨 아니세요?

　　　B : 그렇습니다만 누구시죠?

☑　　① 혹시　　　　② 만일　　　　③ 역시　　　　④ 아마

22) ── A : 아직 안 가요?

　　　B : 내일 아침의 회의 준비가 안 끝났어요. (　　　) 가세요.

☑　　① 다시　　　　② 잠시　　　　③ 먼저　　　　④ 아까

23) ── A : 그럼 이걸로 드릴까요?

　　　B : 아, 잠시만요. (　　　) 처음에 본 것으로 주세요.

☑　　① 바로　　　　② 역시　　　　③ 진짜로　　　　④ 그냥

24) ── A : 노래방에는 안 가요?

　　　B : 아뇨, 친구들을 만나면 (　　　) 갈 때가 있어요.

☑　　① 자주　　　　② 반드시　　　　③ 자꾸　　　　④ 가끔

25) ── A : (　　　) 일이 생겼어요. 내일 약속 시간을 바꿀 수 있을까요?

　　　B : 괜찮아요. 몇 시로 할까요?

☑　　① 역시　　　　② 겨우　　　　③ 갑자기　　　　④ 벌써

26) ── A : 좀 물어보고 싶은 게 있어요. 지금 시간 있어요?

　　　B : 조금 뒤에 회의가 있어요. (　　　) 회의가 끝나면 내가 연락할게요.

☑　　① 그런데　　　　② 그러나　　　　③ 그렇지만　　　　④ 그러니까

27) ── A : 내일은 지각하면 안 돼요.

　　　B : 걱정하지 마세요. 9시까지 (　　　) 갈게요.

☑　　① 꼭　　　　② 늘　　　　③ 참　　　　④ 벌써

➡　【解説】は211ページへ

語句の置き換え問題

※ 文の意味を変えずに、下線部の言葉と置き換えが可能なものを①～④の
中から1つ選びなさい。

1) ―저녁을 먹은 <u>다음에</u> 목욕을 해요.

☑　　① 날에　　　　② 곳에　　　　③ 뒤에　　　　④ 사이에

2) ―여기 젓가락이 하나 더 <u>필요해요</u>.

☑　　① 준비해요　　② 모자라요　　③ 달려요　　　④ 바꿔요

3) ―언니는 가수처럼 노래를 <u>잘해요</u>.

☑　　① 잘 불러요　　② 잘 틀려요　　③ 잘 흘러요　　④ 잘 느껴요

4) ―모르는 것이 있으면 <u>물어보세요</u>.

☑　　① 설명하세요　② 대답하세요　③ 일어서세요　④ 질문하세요

5) ―민수 씨는 30분 전에 공항으로 <u>출발했어요</u>.

☑　　① 올라갔어요　② 떠났어요　　③ 나눴어요　　④ 다녀왔어요

6) ―오늘 늦잠을 자서 회의에 <u>지각했어요</u>.

☑　　① 틀렸어요　　② 다쳤어요　　③ 늦었어요　　④ 놀랐어요

7) ―여동생이 올해 중학교에 <u>들어가요</u>.

☑　　① 발전해요　　② 졸업해요　　③ 생활해요　　④ 입학해요

8) ―나는 <u>늘</u> 여섯 시에 일어나서 운동을 해요.

☑　　① 언제나　　　② 가끔　　　　③ 잠시　　　　④ 반드시

➡ 問題類型の解説は38ページ、4級出題の語彙、連語リストは39～47ページの合格資料を参照

9) ─큰 집에서 사는 것이 꿈이에요.
☑ ① 밝은　　　② 적은　　　③ 넓은　　　④ 좁은

10) ─이 문제에는 맞는 답이 없네요.
☑ ① 잃은　　　② 옳은　　　③ 묻는　　　④ 틀린

11) ─저기 자리가 비어 있네요. 저기에 가 앉읍시다.
☑ ① 준비됐네요　② 없네요　　③ 보이네요　④ 있네요

12) ─이틀 후에 보낼 생각이에요.
☑ ① 모레　　　② 그저께　　③ 어제　　　④ 내일

13) ─내일 발표 준비는 다 됐어요?
☑ ① 바꿨어요　② 끝났어요　③ 정했어요　④ 연습했어요

14) ─여기에 써 있는 한자를 하나도 못 읽겠어요.
☑ ① 절대로　　② 겨우　　　③ 전혀　　　④ 조금

15) ─그날 혹시 비가 오면 어떻게 할까요?
☑ ① 계속　　　② 잘못　　　③ 아마　　　④ 만일

16) ─이 문장의 번역을 부탁해요. 내일까지 돼요?
☑ ① 대답해요　② 가능해요　③ 들어와요　④ 돌려줘요

17) ─내일은 지각하면 안 돼요. 9시까지 꼭 오세요.
☑ ① 우선　　　② 일찍　　　③ 가장　　　④ 반드시

➡ 【正答】は63ページ、【解説】は212ページへ

➡ 単語選択問題は48ページ、解説は206ページへ、
　短文の空所補充問題は52ページ、解説は207ページへ

1 単語選択問題				2 短文の空所補充問題			
問題	正答	問題	正答	問題	正答	問題	正答
1	②	19	②	1	③	19	①
2	④	20	④	2	②	20	②
3	①	21	①	3	④	21	③
4	③	22	③	4	①	22	④
5	②	23	②	5	③	23	③
6	①	24	③	6	②	24	②
7	④	25	②	7	④	25	①
8	③	26	④	8	③	26	④
9	①	27	①	9	①	27	③
10	②	28	③	10	②	28	②
11	④	29	④	11	④	29	④
12	③	30	②	12	②	30	①
13	②	31	①	13	③	31	③
14	②	32	③	14	①	32	④
15	④	33	④	15	④	33	②
16	③	34	②	16	②	34	③
17	①	35	①	17	②	35	①
18	③			18	④		

※ 全問正解になるまで繰り返し練習をしてください。

3 対話文の空所補充問題 / 4 語句の置き換え問題　正答

➡ 対話文の空所補充問題は56ページ、解説は210ページへ、
語句の置き換え問題は60ページ、解説は212ページへ

3 対話文の空所補充問題				4 語句の置き換え問題			
問題	正答	問題	正答	問題	正答	問題	正答
1	④	15	②	1	③	11	④
2	②	16	③	2	②	12	①
3	③	17	①	3	①	13	②
4	①	18	④	4	④	14	③
5	③	19	③	5	②	15	④
6	②	20	④	6	③	16	②
7	④	21	①	7	④	17	④
8	①	22	③	8	①		
9	②	23	②	9	③		
10	④	24	④	10	②		
11	③	25	③				
12	①	26	④				
13	②	27	①				
14	②						

※ 全問正解になるまで繰り返し練習をしてください。

第2章

語彙

第3章

文法と定型表現問題

	問題類型	出題問題数	配点
1	用言の基本形問題	5	1
2	助詞・語尾・慣用表現問題	4	2
3	あいさつなど定型表現問題	2	1

文法と表現に関する問題

1 出題内容

文法とあいさつなどの定型表現に関する問題は、
①文中の用言の基本形を選ぶ問題が5問（配点各1点）、②文中の空所に入れるのに適した助詞や語尾、慣用表現を選ぶ問題が4問（配点各2点）、③状況に適したあいさつなどの定型表現を選ぶ問題が2問（配点各1点）出題される。文法関係、あいさつなど定型表現の問題はすべて4級の出題範囲として提示された文法とあいさつ、あいづちなどの定型表現の中から出題される。

1 用言の基本形問題

短文を提示し、文中の下線部で示された用言の正しい基本形を選ぶ問題である。ㄹ脱落、ㅇ脱落、ㄷ不規則、ㅂ不規則、ㅅ不規則、ㄹ不規則など、不規則活用をする用言を中心に出題される。不規則活用に惑わされず、辞書を引くための基本形、つまり辞書形を正しく理解しているかを確認する問題である。

2 助詞・語尾・慣用表現問題

短文、または対話文を提示し、文中の空所に入れるのに適した助詞や語尾、慣用表現を選ぶ問題である。全4問中、助詞が2問、語尾・慣用表現が2問の割合で出題される。

3 あいさつなど定型表現問題

状況や場面を説明し、その場面や状況に適したあいさつやあいづちなどの定型表現、つまり決まり文句を選ぶ問題である。問題はすべて4級出題範囲のものとして示されたあいさつ・あいづちなどの表現から出題される。

2 問題類型

問題類型1 用言の基本形問題

・ 短文を提示し、下線部の用言の基本形(辞書形・原形)に該当するものを選ぶ問題が5問 (配点各1点) 出題される。

・ 基本形が求められる下線部の用言は、ㄹ脱落、ㅡ脱落、ㄷ不規則、ㅂ不規則、ㅅ不規則、르不規則など、不規則活用をする用言が主な対象である。

・ この問題は、不規則活用に惑わされず、辞書を引くための基本形、つまり辞書形を正しく理解しているかを確認する問題である。すべて4級と5級に出てくる不規則活用の用言から出題されるので、不規則活用をする用言はまとめて覚えておくようにしよう。

例題 下線部の動詞、形容詞の辞書形 (原形・基本形) として正しいものを
①~④の中から1つ選びなさい。 〈1点×5問〉

1) 점심을 안 먹어서 배가 <u>고파요</u>.
　　① 고프다　　　② 곱흐다　　　③ 고파다　　　④ 곱하다

2) 나도 이 노래를 <u>들어</u> 본 적이 있어요.
　　① 드르다　　　② 들으다　　　③ 듣다　　　④ 들다

3) 이 반찬은 나한테는 너무 <u>매워서</u> 못 먹겠어요.
　　① 매워다　　　② 맵다　　　③ 매웁다　　　④ 매우다

4) 밥을 많이 먹어서 배가 <u>불러요</u>.
　　① 부리다　　　② 불르다　　　③ 불러다　　　④ 부르다

5) 아직 감기가 안 <u>나아서</u> 약을 먹고 있어요.
　　① 낳다　　　② 나다　　　③ 낫다　　　④ 나으다

正解 1) ①　　　2) ③　　　3) ②　　　4) ④　　　5) ③

解説 1) 昼食を食べていないのでおなかが<u>空きました</u>。
　　✎ ㅡ脱落:고프다 → 고프+아요 → 고ㅍ+아요 → 고파요
　　2) 私もこの歌を<u>聴いた</u>ことがあります。
　　✎ ㄷ不規則:듣다 → 듣+은 → 들+은 → 들은

3）このおかずは私には<u>辛すぎて</u>食べられません。

  ✎ ㅂ不規則：맵다 → 맵+어서 → 매우+어서 → 매워서

4）ご飯をたくさん食べたのでおなかが<u>いっぱいです</u>。

  ✎ 르不規則：부르다 → 부르+어요 → 불ㄹ+어요 → 불러요

5）まだ風邪が<u>治って</u>いないので薬を飲んでいます。

  ✎ ㅅ不規則：낫다 → 낫+아서 → 나+아서 → 나아서

合格資料－15　4級出題範囲の不規則活用用言

以下は4級と5級の語彙リストから脱落、不規則活用をするものを抽出してまとめたものである。基本形（辞書形）の問題は基本的にこの中から出題される。

【1】ㄷ（ティグッ）不規則活用

用言の語幹のㄷパッチムが「-아/-어/-으」で始まる語尾の前でㄹに変わる。

ㄷ不規則用言	語尾活用例	-ㅂ니다 -ます	-아요/-어요 -ます	-았/-었어요 -ました
걷다	歩く	걷습니다	걸어요	걸었어요
듣다	聞く	듣습니다	들어요	들었어요
묻다	尋ねる	묻습니다	물어요	물었어요
알아듣다	理解する	알아듣습니다	알아들어요	알아들었어요

【2】ㅂ（ピウプ）不規則活用

用言の語幹のㅂパッチムが「-아/-어/-으」で始まる語尾の前で「우」に変わる。

ㅂ不規則用言	語尾活用例	-ㅂ니다 -ます/-です	-아요/-어요 -ます/-です	-았/-었어요 -ました/-かったです
눕다	横になる	눕습니다	누워요	누웠어요
가깝다	近い	가깝습니다	가까워요	가까웠어요
고맙다	ありがたい	고맙습니다	고마워요	고마웠어요
무겁다	重い	무겁습니다	무거워요	무거웠어요
아름답다	美しい	아름답습니다	아름다워요	아름다웠어요
【その他出題範囲の用言】덥다 暑い、쉽다 易しい、어둡다 暗い、 뵙다 お目にかかる、어렵다 難しい、춥다 寒い、반갑다 嬉しい・懐かしい、맵다 辛い				

【3】르不規則活用

用言の語幹の最終音節の르が「-아/-어」で始まる語尾の前で母音「ㅡ」が脱落すると同時に前の音節に「ㄹ」が添加され、「-ㄹ라 /-ㄹ러」の形で活用する。

르不規則用言	語尾活用例	-ㅂ니다 -ます/-です	-아요/-어요 -ます/-です	-았/-었어요 -ました/-かったです
모르다	知らない	모릅니다	몰라요	몰랐어요
흐르다	流れる	흐릅니다	흘러요	흘렀어요
빠르다	速い	빠릅니다	빨라요	빨랐어요
【その他出題範囲の用言】부르다 呼ぶ・歌う・満腹だ、오르다 登る・上がる、다르다 異なる				

【4】ㅅ（シオッ）不規則活用

用言の語幹のㅅパッチムが「-아/-어/-으」で始まる語尾の前で脱落する。

ㅅ不規則用言	語尾活用例	-ㅂ니다 -ます	-아요/-어요 -ます	-았/-었어요 -ました
낫다	治る	낫습니다	나아요	나았어요
짓다	作る、建てる	짓습니다	지어요	지었어요

【5】ㄹ（リウル）脱落

用言の語幹のㄹパッチムが「-ㅂ、-ㄴ、-ㄹ、-ㅅ」で始まる語尾の前で規則的に脱落する。

ㄹ脱落用言	語尾活用例	-ㅂ니다 -ます/-です	-니까 -から	-아서/-어서 -て/-くて
풀다	解く	풉니다	푸니까	풀어서
달다	甘い	답니다	다니까	달아서
【その他出題範囲の用言】살다 住む、열다 開ける、울다 泣く、만들다 作る、알다 知る、놀다 遊ぶ、팔다 売る、멀다 遠い、길다 長い、돌다 回る・巡る、들다 持つ・上げる・かかる、힘들다 大変だ、걸다 掛ける、늘다 増える・伸びる、불다 吹く				

【6】으脱落

用言の語幹の最終音節の으母音が「-아/-어」で始まる語尾の前で規則的に脱落する。

으脱落用言	語尾活用例	-ㅂ니다 -ます/-です	-아요/-어요 -ます/-です	-았/-었어요 -ました/-かったです
끄다	消す	끕니다	꺼요	껐어요
모으다	集める	모읍니다	모아요	모았어요
기쁘다	嬉しい	기쁩니다	기뻐요	기뻤어요
【その他出題範囲の用言】쓰다 書く、고프다（おなかが）空いている、뜨다（目を）開ける、아프다 痛い、나쁘다 悪い、크다 大きい、바쁘다 忙しい、슬프다 悲しい、예쁘다 きれいだ				

- 短文、または2行の対話文を提示し、文中の空所に入れるのに適切な助詞や語尾、慣用表現を選ぶ問題が4問（配点各2点）出題される。
- 問題は、短文型式が2問、対話文型式が2問の4問構成で、助詞の問題が2問、語尾と慣用表現の問題が2問の割合で出題される。
- 文の内容を理解し、空所前後の文脈に合う助詞、または語尾、慣用表現と結合した語句を選ばなければならない。4級出題範囲の助詞と語尾、慣用表現の機能を正しく覚えているかが問われる問題である。
- ➡ 4級出題範囲の助詞、4級出題範囲の語尾、4級出題範囲の慣用表現は74〜81ページを参照

例題　（　　　）の中に入れるのに適切なものを①〜④の中から１つ選びなさい。
〈2点 × 4問〉

1）그건 누구（　　　）온 편지예요?
　　① 한테서　　　② 부터　　　③ 밖에　　　④ 보다

2）（　　　）끝까지 잘 해 보세요.
　　① 시작하니까　　② 시작해서　　③ 시작한 후에　　④ 시작한 이상

3）A:어떤 사람이 되고 싶어요?
　　B:선생님（　　　）멋있는 교사가 되고 싶습니다.
　　① 이라서　　　② 처럼　　　③ 께　　　④ 께서

4）A:서울에 오면 우리 집에 놀러 오세요.
　　B:고마워요. 서울에 가면 （　　　）.
　　① 놀고 갈게요　　② 놀려고 해요　　③ 놀러 갈게요　　④ 놀 거예요

正解 1）①　　2）④　　3）②　　4）③

解説 1）それは誰（　　）来た手紙ですか。
　　① （人）から　　② （起点）から　　③ しか　　④ より
　✎ 한테서は人を表わす名詞に付いて起点、出所を表わす。主に話し言葉で用いられる。同じ意味の「에게서」は主に書き言葉として用いられる。
　2）（　　）最後まで頑張ってみてください。
　　① 始めるから　　② 始めて　　③ 始めた後に　　④ 始めた以上

✎ 「-(으)ㄴ 이상」（〜からには、した以上は）は話者の意志や、相手への覚悟の働きかけとして用いられる。

　3）A：どんな人になりたいですか。
　　　B：先生（　　）素晴らしい教師になりたいです。
　　　① なので　　　　② のように　　　③（人）に　　　④（人）が
✎ 「처럼」（〜のように、〜と同じように、〜ほどに）は、形や程度が似ているか同じであることを表わす。

　4）A：ソウルに来たら我が家に遊びに来てください。
　　　B：ありがとうございます。ソウルに行ったら（　　）。
　　　① 遊んで行きます　　　　　　　② 遊ぼうと思います
　　　③ 遊びに行きます　　　　　　　④ 遊ぶつもりです
✎ 「-(으)ㄹ게요」は話し手の約束や意志の表明を表わす。

問題類型3　あいさつなど定型表現問題

・ 状況や場面を説明し、その場面や状況に適したあいさつやあいづちなどの定型表現、つまり決まり文句を選ぶ問題が2問（配点各1点）出題される。
・ この問題は基本的なあいさつやあいづちの表現の使い方を正しく理解しているかが問われる問題である。
・ 問題はすべて5級と4級範囲のあいさつ・あいづちなどの表現から出題される。

例題　次の場面や状況において最も適切なあいさつやあいづちなどの言葉を①〜④の中から1つ選びなさい。　〈1点 × 2問〉

1）相手に何かを勧められ、断るとき。
　　① 됐어요.　　② 뭘요.　　③ 글쎄요.　　④ 무슨 말씀을요.

2）子供が学校に行こうとして出かけるとき、母親に向かって。
　　① 신세 많이 졌습니다. ② 수고하셨어요. ③ 다녀오세요. ④ 다녀오겠습니다.

正解　1）①　　2）④

解説　1）① いいです。／結構です。　　② いえいえ。／とんでもないです。
　　　　③ さあ…、そうですね。　　　　④ とんでもないです。
　　　2）① お世話になりました。　　② ご苦労さまでした。
　　　　③ 行ってらっしゃい。　　　　④ 行ってきます。

4級出題範囲のあいさつなどの表現

	あいさつ・あいづちなど	意味
1	감사드립니다	ありがとうございます / ありがとうございました
2	건배!	乾杯!
3	고마웠습니다 / 고마웠어요	ありがとうございました
4	그럼요	もちろんですとも
5	그렇지요	そうですよ
6	그렇지요?	そうですよね
7	글쎄요	さあ…、そうですね
8	다녀오겠습니다	行ってきます
9	다녀오세요	行ってらっしゃい
10	됐습니까? / 됐어요?	よろしいですか / いいですか
11	됐습니다 / 됐어요	結構です / いいです (勧められたことを断るときに)
12	맞다	あっ、そうだ / そうだった
13	무슨 말씀을요	とんでもないです（褒められたり、お礼を言われたりしたとき謙遜して否定するときに）
14	뭘요	いえいえ / とんでもないです
15	새해 복 많이 받으십시오 / 새해 복 많이 받으세요	明けましておめでとうございます
16	수고 많으셨습니다 / 수고 많으셨어요	ご苦労さまでした / お疲れさまでした
17	수고하셨습니다 / 수고하셨어요	ご苦労さまでした / お疲れさまでした
18	수고하십니다 / 수고하세요	お疲れさまです
19	신세 많이 졌습니다	大変お世話になりました
20	아이고	あら / ああっ
21	안녕히 주무셨어요	よくお休みになれましたか
22	안녕히 주무세요	おやすみなさい
23	잘 먹겠습니다 / 잘 먹겠어요	いただきます
24	잘 먹었습니다 / 잘 먹었어요	ごちそうさまでした
25	잠시만요	お待ちください
26	참	そういえば / あっ、そうだ
27	축하드립니다 / 축하드려요	おめでとうございます

５級出題範囲のあいさつなどの表現

	あいさつ・あいづちなど	意味
1	감사합니다	ありがとうございます
2	고맙습니다 / 고마워요	ありがとうございます
3	괜찮습니다 / 괜찮아요	構いません / 大丈夫です / 結構です
4	또 만납시다 / 또 만나요	また会いましょう / ではまた… (親しい人に対して)
5	또 봐요	また会いましょう / ではまた… (親しい人に対して)
6	또 뵙겠습니다	それでは、また…
7	만나서 반갑습니다	お会いできてうれしいです
8	많이 드십시오 / 많이 드세요	たくさん召し上がってください
9	맞습니다 / 맞아요	そうです / その通りです
10	모르겠습니다 / 모르겠어요	知りません / 分かりません
11	미안합니다 / 미안해요	すみません / ごめんなさい
12	반갑습니다 / 반가워요	(お会いできて) うれしいです
13	실례합니다	失礼します
14	안녕히 가십시오 / 안녕히 가세요	(去る人に対して) さようなら
15	안녕히 계십시오 / 안녕히 계세요	(その場に留まる人に対して) さようなら
16	알겠습니다 / 알겠어요	承知しました / 分かりました
17	알았습니다 / 알았어요	分かりました
18	어떠세요?	いかがですか
19	어떻습니까? / 어때요?	どうですか / いかがですか
20	어서 오십시오 / 어서 오세요	いらっしゃいませ
21	여기요 / 저기요	(人に呼びかけるとき) すみません
22	여보세요	もしもし / すみません
23	오래간만입니다 / 오래간만이에요	お久しぶりです
24	잘 부탁드리겠습니다 잘 부탁드리겠어요	よろしくお願いいたします
25	잘 부탁합니다 / 잘 부탁해요	よろしくお願いします
26	잠깐만요	少々お待ちください
27	죄송합니다 / 죄송해요	申し訳ありません
28	처음 뵙겠습니다	はじめまして
29	천만에요	とんでもないです / どういたしまして
30	축하합니다 / 축하해요	おめでとうございます

４級出題範囲の文法事項

４級出題範囲の助詞

助　詞		意味／用例	
1	가/이	変化の対象	～に (なる)
	・아들이 대학생이 되었어요.		息子が大学生になりました。
	・축구 선수가 되고 싶어요.		サッカー選手になりたいです。
2	께	対象 (에게の尊敬語)	～に
	・선생님께 말씀드렸어요?		先生にお話ししましたか。
	・사장님께 연락했어요?		社長に連絡しましたか。
3	께서	主格 (가/이の尊敬語)	～が
	・할머니께서 주신 거예요.		祖母がくれたものです。
	・부장님께서 가르쳐 주었어요.		部長が教えてくださいました。
4	ㄴ	는の縮約形	～は
	・이 사관(사과는) 좀 비싸요.		このリンゴは少し高いです。
	・일요일엔(에는) 뭐 해요?		日曜日は何をしますか。
5	ㄹ	를の縮約形	～を
	・영활(영화를) 보러 갔어요.		映画を見に行きました。
	・공불(공부를) 했어요.		勉強をしました。
6	(이)라서	理由、原因	～なので、～だから
	・흰색이라서 잘 어울려요.		白色なのでよく似合います。
	・생일이라서 선물을 샀어요.		誕生日なのでプレゼントを買いました。
7	(이)라도	例示、容認	～でも、～であっても
	・탁구라도 치러 갈까요?		卓球でもしに行きましょうか。
	・그건 어른이라도 못 할 거예요.		それは大人でもできないでしょう。
8	밖에	特定事柄以外は否定	～しか
	・하나밖에 안 남았어요.		一つしか残っていません。
	・방법이 그것밖에 없어요?		方法がそれしかないですか。
9	에	①道具、手段 ②単位	①～で、～に ②～で、～に、～当たり
	・물에 씻어서 먹었어요.		水で洗って食べました。
	・하루에 네 번 세수를 해요.		1日に4回顔を洗います。
10	에게	対象	(人・動物) ～に
	・동생에게 치마를 사 주었어요.		妹にスカートを買ってあげました。
	・질문이 있으면 나에게 말하세요.		質問があれば私に言ってください。
11	에게서	出所(人を表わす名詞に付いて)	(人) ～から
	・엄마에게서 요리를 배웠어요.		母から料理を学びました。
	・그 말은 누구에게서 들었어요?		その話は誰から聞きましたか。

12	처럼	例示、同様	〜のように、〜のごとく
	・나처럼 해 보세요. ・오늘은 여름처럼 더워요.		私のようにやってみてください。 今日は夏のように暑いです。
13	한테	対象	（人・動物）〜に【話し言葉的】
	・그건 저한테 주세요. ・아들한테 시계를 사 주었어요.		それは私にください。 息子に時計を買ってあげました。
14	한테서	出所（人を表わす名詞に付いて）	（人）〜から【話し言葉的】
	・언니한테서 들었어요. ・친구한테서 빌린 책이에요.		姉から聞きました。 友だちから借りた本です。

合格資料−19　5級出題範囲の主な助詞

	助　詞	意味／用例	
1	과/와	並列、列挙、共同、比較	〜と
	・빵과 우유를 샀어요. ・언니와 같이 영화를 봐요.		牛乳とパンを買いました。 姉と一緒に映画を見ます。
2	하고	並列、列挙、共同、比較	〜と
	・커피하고 홍차를 마셨어요. ・친구하고 식사를 해요.		コーヒーと紅茶を飲みました。 友だちと食事をします。
3	부터	起点、順序	〜から
	・두 시부터예요. ・여기부터 청소할까요?		2時からです。 ここから掃除しましょうか。
4	까지	限度	〜まで
	・세 시까지 수업이 있어요. ・역까지 얼마나 걸려요?		3時まで授業があります。 駅までどのくらいかかりますか。
5	로/으로	手段、方法、道具、材料	〜で、〜へ、〜に
	・전철로 한 시간 걸려요. ・이것은 무엇으로 만들었어요?		電車で1時間かかります。 これは何で作りましたか。
6	만	限定、制限	〜だけ、〜ばかり
	・책만 읽었어요. ・일요일만 쉬어요.		本ばかり読みました。 日曜日だけ休みます。
7	보다	比較	〜より
	・형은 나보다 키가 작아요.		兄は私より背が低いです。
8	에서	場所、起点	〜で、〜から
	・어제는 집에서 쉬었어요. ・역에서 멀어요?		昨日は家で休みました。 駅から遠いですか。
9	같이	例え、例示	〜のように、〜のごとく
	・겨울같이 춥습니다. ・오늘은 봄같이 따뜻해요.		冬のように寒いです。 今日は春のように暖かいです。

※ 結合関係表示：動詞（V）、形容詞（A）、名詞（N）

語 尾		意味／用例
1	V/A+거든요　理由の説明	～する/なんですよ、～する/なんですから
	・지금 무척 배가 고프거든요.	いまとてもおなかが空いているんですよ。
	・이번 주는 좀 바쁘거든요.	今週はちょっと忙しいんですよ。
2	V+겠-　推測、丁寧・控えめな気持ち	①～（し）そうだ ②～いたします
	・내일은 비가 오겠네요.	明日は雨が降りそうですね。
	・도와 주시면 고맙겠어요.	助けていただければありがたいです。
3	A+(으)ㄴ①　連体形語尾（現在）	～い～、～な～、～である～
	・예쁜 옷을 샀습니다.	かわいい服を買いました。
	・이것은 좋은 약입니다.	これは良い薬です。
4	V+(으)ㄴ②　連体形語尾（過去）	～（し）た～
	・어제 본 영화는 재미 있었어요.	昨日見た映画はおもしろかったです。
	・옛날에 읽은 책을 다시 읽어요.	昔読んだ本をまた読んでいます。
5	V+는　連体形語尾（現在）	～ている～、～する～
	・지금 먹는 것이 뭐예요?	いま食べているものは何ですか。
	・아침에 운동을 하는 사람이 많아요?	朝、運動をする人が多いですか。
6	V/A+(으)ㄹ　連体形語尾（未来）	～する～、～すべき～
	・9시에 떠날 예정이에요.	9時に出発する予定です。
	・다음 주에는 할 일이 많아요.	来週はやるべきことが多いです。
7	V/A+네요　感想、詠嘆	～ですね、～ますね
	・노래를 잘 부르네요.	歌が上手ですね。
8	V/A+(으)니까　理由・原因、前置き	①～から、～ので ②～と、～たら
	・비가 오니까 쉬고 합시다.	雨が降っているので休んでからにしましょう。
	・교실에 가 보니까 아무도 없었어요.	教室に行ってみたら誰もいなかったです。
9	V+(으)ㄹ게요　意志・約束の表明	～ますからね、～ますよ
	・접시는 내가 닦을게요.	皿は私が洗います。
	・거기는 내가 갈게요.	そこは私が行きます。
10	V/A+(으)ㄹ까요?　推測・意志の確認	～でしょうか、～ましょうか
	・내일은 날씨가 좋을까요?	明日は天気が良いでしょうか。
	・몇 시에 만날까요?	何時に会いましょうか。
11	V+(으)러　目的	～（し）に、～ために
	・영화를 보러 갑니다.	映画を見に行きます。
12	V+(으)려고　意図	～ようと、～ようとして、～つもりで
	・다음 주에 서울에 가려고 해요.	来週、ソウルに行こうと思います。
	・밥을 먹으려고 식당에 가요.	ご飯を食べようと食堂に行きます。
13	V+(으)려고요　意図の説明	～ようと思いまして、～ようと思います
	・백화점엔 왜 갔어요?	デパートにどうして行きましたか。
	－구두를 사려고요.	－ 靴を買おうと思いまして。

14	V+(으)면	仮定、条件	～と、～ば、～たら、～ならば

·비가 오면 산에 못 가요.　雨が降ったら山に行けません。
·바쁘면 내일 해도 돼요.　忙しければ明日にしてもいいです。

15	V+(으)ㅂ시다	勧誘、提案	～ましょう

·테니스 치러 갑시다.　テニスをしに行きましょう。

16	V+(으)시-	尊敬	～なさる、お～になる、～でいらっしゃる

·무슨 책을 읽으십니까?　どんな本を読んでいらっしゃいますか。

17	V+(으)십시오	命令・依頼	～てください、お/ご～ください

·여기서 기다리십시오.　ここでお待ちください。
·열 시까지 꼭 오십시오.　10時までに必ず来てください。

18	N+(이)라도	例示、容認	～でも、～であっても

·차라도 마실까요?　お茶でも飲みましょうか。
·언제라도 괜찮아요.　いつでも大丈夫です。

19	N+(이)라서	理由、原因	～なので、～だから、～であるので

·토요일이라서 학교에 안 가요.　土曜日なので学校に行きません。

20	N+(이)라서요	理由、原因の説明	～だからです、～なので

·남편이 외국 사람이라서요.　夫が外国人ですから。

21	V/A+아도/어도	譲歩、仮定、強調	～ても、～であっても

·비가 와도 할 거예요.　雨が降ってもするつもりです。
·몇 번을 읽어도 의미를 모르겠어요.　何回読んでも意味が分かりません。

22	V/A+아서/어서	理由・原因	～て、～(し)たので、～なので

·옷이 작아서 못 입어요.　服が小さくて着られません。
·비가 와서 늦었어요.　雨が降ったので遅れました。

23	V/A+아서요/어서요	理由の説明	～からです、～だからです

·왜 안 샀어요?　どうして買わなかったのですか。
　－돈이 모자라서요.　－お金が足りなかったからです。

24	V/A+았/었겠-	過去の推測	～(し)たのだろう～、だったのだろう～

·일이 힘들었겠네요.　仕事が大変だったのでしょうね。

25	V/A+았/었던-	過去回想の連体形	～かった、～だった～

·서울에 갔던 적이 있어요.　ソウルに行ったことがあります。
·눈이 많이 왔던 날이었어요.　雪がたくさん降った日でした。

26	V+아요/어요	勧誘、提案、命令	①～てください ②～ましょう

·그럼 두 시에 만나요.　では2時に会いましょう。
·여기서 잠깐만 기다리세요.　ここでちょっと待ってください。

27	V/A+잖아요(?)	確認、訂正	～じゃないですか、～でしょう

·내일은 수업이 없잖아요.　明日は授業がないじゃないですか。
·이렇게 하면 재미있잖아요.　こうすれば面白いじゃないですか。

28	V/A+지만	逆接	～が、～だが、～けれど

·반찬이 맛있지만 좀 매워요.　おかずは美味しいけれど、少し辛いです。
·눈은 오지만 춥지 않아요.　雪は降っているけれど、寒くありません。

第3章　文法と定型表現

４級出題範囲の慣用表現

※ 結合関係表示：動詞（V）、形容詞（A）、名詞（N）

	慣用表現		意味／用例
1	N＋이/가 되다	変化	～になる
	·졸업 후에 교사가 되었어요.		卒業した後、教師になりました。
	·저는 가수가 되고 싶어요.		私は歌手になりたいです。
2	N＋이/가 어떻게 되세요?	敬意の質問	～はどうなりますか
	·나이가 어떻게 되세요?		お年はおいくつになりますか。
	·이름이 어떻게 되세요?		お名前はなんとおっしゃいますか。
3	V＋고 계시다	進行（敬意）	～ていらっしゃる、～ておられる
	·책을 읽고 계십니다.		本を読んでいらっしゃいます。
	·전화를 하고 계세요.		電話をしていらっしゃいます。
4	고 싶어하다	第三者の願望	～たがる、～たがっている
	·여행을 가고 싶어해요.		旅行に行きたがっています。
	·한국 요리를 배우고 싶어해요.		韓国料理を習いたがっています。
5	V＋고 있다	進行	～ている
	·음악을 듣고 있어요.		音楽を聴いています。
6	V/A＋기 때문에	理由、原因	～から、～ので
	·가방이 무겁기 때문에 어깨가 아파요.		かばんが重いので肩が痛いです。
	·바쁘기 때문에 영화를 못 봐요.		忙しいので映画は見られません。
7	V/A＋기 전(에)	時間の前後関係	～（する）前に、である前に
	·나가기 전에 거울을 봐요.		出かける前に鏡を見ます。
8	V/A＋는/(은)ㄴ 가운데	状況、範囲	～なかで、～であるなかで
	·바쁘신 가운데 와 주셔서 고맙습니다.		お忙しい中、来て下さって有難うございます。
	·눈이 오는 가운데 축구를 해요.		雪が降っている中、サッカーをしています。
9	V/A＋는/(으)ㄴ 것	内容、事柄	～なこと、～であること
	·모양이 좋은 것이 맛있어요.		形がいいものが美味しいです。
	·가끔 쉬는 것도 중요해요.		たまに休むことも大事です。
10	V/A＋는/(으)ㄴ 것처럼	例示、例え	～（し）たように、～（し）たとおり
	·아까 말한 것처럼 사람이 전혀 없어요.		さっき話したように人が全然いません。
	·피곤한 것처럼 보였어요.		疲れているように見えました。
11	V＋(으)ㄴ 결과	結果	～（し）たあげく、～（し）た結果
	·열심히 노력한 결과 일 등을 했어요.		一生懸命努力した結果、1位になりました。
12	V＋(으)ㄴ 끝에	結末、限界、展開	～（し）たあげく、～（し）た末に
	·오래 생각한 끝에 정한 거예요.		長く考えた末に決めたことです。
	·열심히 노력한 끝에 의사가 되었어요.		一生懸命努力した末に医者になりました。
13	V＋(으)ㄴ 다음(에)	完了（時間の前後関係）	～（し）たあと（に）
	·목욕을 한 다음에 자요.		風呂に入った後、寝ます。
14	V＋는/(으)ㄴ 데	特性・要因の例示	～したところ、～なところ、～するのに
	·학교 다니는 데에 돈이 많이 들어요.		学校に通うのにお金がたくさんかかります。
	·두 사람은 비슷한 데가 많아요.		二人は似ているところが多いです。

15	V+(으)ㄴ 뒤(에)	完了 (時間の前後関係)	〜 (し) たあと (に)
	·일을 마친 뒤에 술을 마셨어요.		仕事を終えた後、酒を飲みました。
16	V+(으)ㄴ 이상(은)	覚悟、責任	〜 (する) 以上 (は) 、〜である以上 (は)
	·시작한 이상 끝까지 할 생각이에요.		始めた以上は最後までやるつもりです。
	·유학을 가는 이상 열심히 공부할게요.		留学に行く以上、一生懸命勉強します。
17	A+(으)ㄴ 일이다	話し手の感動・感慨・おどろき	〜 (な) ことだ
	·정말 기쁜 일이에요.		本当にうれしいことです。
18	V+(으)ㄴ 적이 있다(없다)	経験の有無	〜 (し) たことがある (ない)
	·나도 그 얘기를 들은 적이 있어요.		私もその話を聞いたことがあります。
	·한 번도 본 적이 없어요.		一度も見たことがありません。
19	V+(으)ㄴ 후(에)	完了 (時間の前後関係)	〜 (し) たあと (に)
	·일을 마친 후에 운동을 합니다.		仕事を終えてから運動をします。
20	V+는/(으)ㄴ 사이(에)	時間的な間	〜 (する) 間 (に)
	·화장실에 간 사이에 가 버렸어요.		トイレに行っている間に行ってしまいました。
	·잠깐 나간 사이에 발표가 끝났어요.		少し席を外した間に発表が終わりました。
21	V+는 중이다	進行	〜ているところだ
	·여행 계획을 세우고 있는 중이에요.		旅行の計画を立てているところです。
22	V/A+(으)ㄹ 거예요(?)	推測、意志	①〜でしょう ②〜つもりです
	·거기서는 안 보일 거예요.		そこでは見えないでしょう。
	·다음 주에 서울에 갈 거예요.		来週ソウルに行くつもりです。
23	V·A+(으)ㄹ 때(에)	時、場合	〜時に、〜場合に
	·다음에 만났을 때 얘기할게요.		次に会った時、話します。
	·기분이 좋을 때는 노래를 불러요.		気分が良い時は歌を歌います。
24	V+(으)ㄹ 생각(이다)	意図、予定	〜 (する) つもりだ
	·가을에 결혼할 생각이에요.		秋に結婚するつもりです。
25	N+(이)라고 하면	話題の例示、連想	〜と言えば
	·사과라고 하면 대구가 유명해요.		リンゴと言えば大邱 (テグ) が有名です。
26	V+(으)러 가다/오다	目的	〜 (し) にいく／くる
	·책을 빌리러 가요.		本を借りに行きます。
	·한국어를 배우러 왔어요.		韓国語を学びに来ました。
27	V+(으)려(고) 하다	意図	〜ようとする
	·열 시까지 끝내려고 해요.		10時までに終わらせようと思います。
28	V+(으)려면	意図	〜ようとすれば、〜するには
	·공항까지 가려면 서두르세요.		空港まで行くのなら急いでください。
29	V+(으)면 되다	助言、充足	〜 (す) ればいい、〜であればいい
	·어떻게 가면 됩니까?		どうやって行けばいいですか。
	·여기에 이름을 쓰면 돼요.		ここに名前を書けばいいです。
30	V+(으)면 안 되다	禁止	〜てはいけない
	·여기서 담배를 피우면 안 됩니다.		ここでタバコを吸ってはいけません。
	·사진을 찍으면 안 돼요.		写真を撮ってはいけません。

31	V+(으)면 어때요?	提案	~たらどうですか
	·좀 쉬고 하면 어때요?		少し休んでからしたらどうですか。
32	V+(으)시겠어요?	確認、提案	~なさいますか、~なさいませんか
	·사진 좀 찍어 주시겠어요? ·뭘 사시겠어요?		ちょっと写真を撮っていただけませんか。 何を買われますか。
33	V+(으)시죠 V+(으)시지요	命令、勧誘、依頼	~なさってください、~ましょう
	·같이 가시죠. ·그럼 말씀하시지요.		一緒に行きましょう。 では、おっしゃってください。
34	V+아/어 가다 / 오다	進行	~ていく／くる
	·거의 끝나 가요. ·작년부터 같이 일해 왔어요.		ほぼ終わりつつあります。 昨年から一緒に働いてきました。
35	V+어/어 계시다	狀態	~ていらっしゃる
	·저기 앉아 계신 분이에요.		あそこに座っていらっしゃる方です。
36	V+아/어도 괜찮다 / V+아/어도 좋다	許容、許可	~ても構わない
	·연필로 써도 괜찮아요? ·틀려도 좋아요.		鉛筆で書いても構いませんか。 間違えてもいいです。
37	V+아/어도 되다	許可、許容	~てもいい
	·사진을 찍어도 돼요?		写真を撮ってもいいですか。
38	V+아/어 드리다	奉仕	~てさしあげる
	·제가 안내해 드릴게요.		私がご案内いたします。
39	V+아/어 보다	試み、経験	~てみる
	·이렇게 만들어 보세요.		このように作ってみてください。
40	V+아/어 보고 싶다	欲求、希望	~てみたい
	·한국 음식을 만들어 보고 싶어요.		韓国料理を作ってみたいです。
41	V+아/어야 되다/하다	必要、当然、義務	~なければならない
	·열 시까지 와야 돼요. ·약속은 반드시 지켜야 해요.		10時までに来なくてはなりません。 約束は必ず守らなければなりません。
42	V+아/어/여 있다	狀態	~ている
	·티켓은 많이 남아 있어요. ·여기 자리가 비어 있어요.		チケットはたくさん残っています。 ここに席が空いています。
43	V+아/어 주다	授受	①~てくれる ②~てあげる
	·언니한테 치마를 사 주었어요. ·언니가 치마를 사 주었어요.		姉にスカートを買ってあげました。 姉がスカートを買ってくれました。
44	V+아/어/여 주면 좋겠다	希望、要求、依頼	~てほしい、~たい、~たらいい
	·빨리 와 주면 좋겠어요. ·이 한자를 읽어 주면 좋겠어요.		早く来てほしいです。 この漢字を読んでほしいです。
45	V+아/어 주세요	依頼、指示	~てください
	·이것 좀 번역해 주세요.		これをちょっと翻訳してください。

46	A+아/어 하다	感情、感覚	~がる、~に思う
※主に感情を表す形容詞について			
·다리를 다쳐서 아주 아파해요.			足を怪我してとても痛がっています。
·개를 보고 아주 기뻐했어요.			犬を見てとても喜んでいました。

47	안 V/A+(으)ㄴ 건 아니다	一部肯定	~なかったわけではない、~くないわけではない
·밥을 안 먹은 건 아니에요.			ご飯を食べなかったわけではありません。
·노력을 안 한 건 아니에요.			努力をしなかったわけではありません。

48	N+와/과 달리	比較	~と違って
·어제와 달리 오늘은 더워요.			昨日と違って今日は暑いです。
·언니와는 달리 흰색을 좋아해요.			姉と違って白色が好きです。

49	N+와/과 마찬가지로	比較、同様	~と同じく、~と同様に
·어제와 마찬가지로 비가 많이 와요.			昨日と同じく雨がたくさん降っています。
·형과 마찬가지로 나도 야구를 좋아해요.			兄と同じく私も野球が好きです。

50	V+지 말고	禁止	~ないで
·기다리지 말고 먼저 가세요.			待たないで先に行ってください。
·남기지 말고 다 가지고 가세요.			残さず全部持って行ってください。

51	V+지 마세요/마요 /마십시오/말아요	禁止の指示・依頼・注意	~ないでください
·너무 걱정하지 마세요.			あまり心配しないでください。
·사진을 찍지 마십시오.			写真を撮らないでください。
·아이처럼 울지 마요.			子供のように泣かないでください。
·다른 사람한테는 말하지 말아요.			他の人には言わないでください。

52	V+지 말아야 하다/되다	禁止強調	~てはいけない
·지각하지 말아야 해요.			遅刻してはいけません。
·담배는 피우지 말아야 해요.			タバコは吸ってはいけません。

53	V+지 못하다	不可能	できない、~られない
·약속을 지키지 못했어요.			約束を守れなかったです。
·문제를 전혀 풀지 못했어요.			問題をまったく解けなかったです。

54	V·A+지 않다	否定	~ない
·그날 일이 기억이 나지 않아요.			その日のことが思い出せません。
·발음은 어렵지 않아요.			発音は難しくありません。

55	V+지 않으면 안 되다	必要	~なければならない
·내일 가지 않으면 안 돼요.			明日行かなければなりません。
·주말까지 끝내지 않으면 안 돼요.			週末までに終わらせなければなりません。

56	V+지 않으시겠어요?	勧誘、提案	~なさいませんか
·내일 연극 보러 가지 않으시겠어요?			明日演劇を見に行きませんか。
·같이 김치를 만들지 않으시겠어요?			一緒にキムチを作りませんか。

1 用言の基本形問題

※ 下線部の動詞、形容詞の辞書形(原形・基本形)として正しいものを
①～④の中から1つ選びなさい。

1) ―나는 <u>단</u> 것을 안 좋아해요.

☑ ① 단다 　　② 다르다 　　③ 달다 　　④ 다다

2) ―이것과 그것은 뭐가 <u>달라요</u>?

☑ ① 달다 　　② 달라다 　　③ 달르다 　　④ 다르다

3) ―오늘은 여름처럼 <u>더웠어요</u>.

☑ ① 더다 　　② 더웁다 　　③ 더우다 　　④ 덥다

4) ―오늘 시합을 이겨서 무척 <u>기뻤어요</u>.

☑ ① 기쁘다 　　② 기뻐다 　　③ 기쁘으다 　　④ 기뻽다

5) ―불을 <u>꺼서</u> 아무것도 안 보여요.

☑ ① 끄으다 　　② 꾸다 　　③ 꺼다 　　④ 끄다

6) ―그의 음악을 <u>들으면</u> 힘이 나요.

☑ ① 드르다 　　② 들다 　　③ 듣다 　　④ 들르다

7) ―감기가 아직 안 <u>나아서</u> 약을 먹고 있어요.

☑ ① 나다 　　② 나으다 　　③ 나아다 　　④ 낫다

8) ―언니한테 <u>물으면</u> 가르쳐 줄 거예요.

☑ ① 물다 　　② 무르다 　　③ 묻다 　　④ 물으다

➡ 問題類型の解説は67ページ、4級出題の不規則活用用言は68ページの合格資料を参照

9) ―어제는 노래방에 가서 노래를 <u>불렀어요</u>.

☑ ① 불러다　　　② 부르다　　　③ 불다　　　④ 불리다

10) ―돈을 <u>모아서</u> 해외 여행을 가려고 해요.

☑ ① 모으다　　　② 못다　　　③ 모아다　　　④ 모다

11) ―방이 <u>어두우니까</u> 불을 켤까요?

☑ ① 어두우다　　② 어두워다　　③ 어둡우다　　④ 어둡다

12) ―시간이 많이 <u>흘러서</u> 잊어버렸어요.

☑ ① 흘르다　　　② 흘러다　　　③ 흐리다　　　④ 흐르다

13) ―오랜만에 중학교 때 친구를 만나서 <u>반가웠어요</u>.

☑ ① 반가워다　　② 반가웁다　　③ 반갑다　　　④ 반가우다

14) ―올해 가을에 집을 <u>지으려고</u> 해요.

☑ ① 지으다　　　② 짓다　　　③ 질다　　　④ 지웃다

15) ―손수건이 <u>예뻐서</u> 하나 샀어요.

☑ ① 예뿌다　　　② 예뻐다　　　③ 예쁘으다　　④ 예쁘다

16) ―여기까지는 다 <u>알아들었어요</u>. 그 다음을 모르겠어요.

☑ ① 알아들다　　② 알아드르다　　③ 알아듯다　　④ 알아듣다

17) ―일이 다 끝나서 마음이 <u>가벼워요</u>.

☑ ① 가볍다　　　② 가벼웁다　　③ 가벼워다　　④ 가볍우다

➡ 【正答】は93ページ、【解説】は214ページへ

83

用言の基本形問題

18) ―거기까지 <u>걸어서</u> 가면 20분쯤 걸릴 거예요.
　　☑　① 걸어다　　② 걷다　　③ 걸으다　　④ 걸다

19) ―우리 형제는 취미가 전혀 <u>달라요</u>.
　　☑　① 달다　　② 달라다　　③ 다르다　　④ 달르다

20) ―야채 값이 많이 <u>올라서</u> 힘들어요.
　　☑　① 올라다　　② 올르다　　③ 올으다　　④ 오르다

21) ―가끔 <u>누워서</u> 책을 읽을 때가 있어요.
　　☑　① 누우다　　② 눕다　　③ 누웁다　　④ 누워다

22) ―문제가 <u>쉬워서</u> 시험이 일찍 끝났어요.
　　☑　① 쉽다　　② 쉬우다　　③ 쉽우다　　④ 쉬으다

23) ―이 약을 먹으면 <u>나을</u> 거예요.
　　☑　① 납다　　② 나으다　　③ 낫다　　④ 나아다

24) ―요즘 <u>바빠서</u> 영화 볼 시간이 없어요.
　　☑　① 바빠다　　② 바뻐다　　③ 바쁘다　　④ 바뿌다

25) ―버스보다는 지하철이 <u>빨라요</u>.
　　☑　① 빨라다　　② 빠르다　　③ 빨르다　　④ 빠라다

26) ―이 반찬은 <u>매워서</u> 못 먹겠어요.
　　☑　① 매으다　　② 맵어다　　③ 맵다　　④ 매우다

➡ 【正答】は93ページ、【解説】は215ページへ

27)—고양이에게 이름을 <u>지어</u> 주었어요.
☑　　① 지다　　　② 짓다　　　③ 지으다　　　④ 지어다

28)—떡을 많이 먹어서 배가 <u>불러요</u>.
☑　　① 부러다　　② 불르다　　③ 불러다　　④ 부르다

29)—매일 <u>걸으면</u> 건강에 좋아요.
☑　　① 걸다　　　② 걷다　　　③ 거르다　　　④ 걸으다

30)—허리가 <u>아파서</u> 병원에 다녀왔어요.
☑　　① 아프다　　② 아파다　　③ 아푸다　　④ 아프으다

31)—이번엔 <u>가벼운</u> 가방을 살 생각이에요.
☑　　① 가벼으다　② 가볍다　　③ 가벼웁다　④ 가벼우다

32)—영화를 보고 <u>슬퍼서</u> 울었습니다.
☑　　① 슬푸다　　② 슬퍼으다　③ 슬퍼다　　④ 슬프다

33)—땀이 <u>흘러서</u> 수건으로 닦았어요.
☑　　① 흘러다　　② 흐르다　　③ 흘르다　　④ 흘르으다

34)—<u>단</u> 맛보다 짠 맛이 강해요.
☑　　① 닷다　　　② 다다　　　③ 달다　　　④ 단다

35)—그 얘기는 나도 <u>들었어요</u>.
☑　　① 듣다　　　② 듯다　　　③ 들으다　　　④ 들어다

➡　【解説】は216ページへ

2 助詞・語尾・慣用表現問題

※（　　）の中に入れるのに適切なものを①〜④の中から1つ選びなさい。

1) ―오늘은 겨울（　　）추워요.
　☑　① 에　　　　② 처럼　　　　③ 한테　　　　④ 밖에

2) ―오늘 시험은 너무 어려워서 한 문제（　　）못 썼어요.
　☑　① 에게서　　② 한테　　　③ 밖에　　　　④ 께서

3) ―주말에 저녁（　　）같이 먹을까요?
　☑　① 보다　　　② 이라서　　　③ 부터　　　　④ 이라도

4) ―부장님（　　）소개해 주셨어요.
　☑　① 께서　　　② 에서　　　③ 으로　　　　④ 한테서

5) ―이 선물은 누구（　　）받은 거예요?
　☑　① 까지　　　② 부터　　　③ 한테서　　　④ 께서

6) ―그건 언니（　　）부탁해 놓았어요.
　☑　① 께　　　　② 한테　　　③ 에게서　　　④ 에

7) ―모레부터 시험（　　）도서관에 가서 공부할 생각이에요.
　☑　① 에게서　　② 에서도　　③ 이라도　　　④ 이라서

8) ―정말로 이 방법（　　）없을까요?
　☑　① 한테　　　② 밖에　　　③ 처럼　　　　④ 만

➡ 問題類型の解説は70ページ、4級出題の助詞、語尾、慣用表現は74〜81ページの合格資料を参照

9) ―여름에 한국에 (　　) 때 찍은 사진이에요.
　☑　① 간　　　　② 가는　　　　③ 갔을　　　　④ 갈

10) ―바람은 (　　) 날씨는 따뜻해요.
　☑　① 불지만　　② 부니까　　③ 불면　　　　④ 불어서

11) ―매일 밤 자기 (　　) 이를 닦아요.
　☑　① 다음에　　② 때문에　　③ 뒤에　　　　④ 전에

12) ―내일도 아마 비가 (　　).
　☑　① 올 생각이에요　② 왔어요　　③ 올 거예요　　④ 오려고 해요

13) ―내일은 시간이 (　　) 모레 만납시다.
　☑　① 없지만　　② 없으니까　　③ 없어도　　　④ 없어서

14) ―해외로 여행을 갈 돈을 (　　) 아르바이트를 하고 있어요.
　☑　① 모으려고　② 모으지만　③ 모아서　　　④ 모으니까

15) ―잠깐만 기다리세요. 사과는 내가 (　　).
　☑　① 깎았어요　② 깎네요　　③ 깎아서요　　④ 깎을게요

16) ―혹시 질문이 (　　) 저에게 말씀하세요.
　☑　① 있지만　　② 있어도　　③ 있으면　　　④ 있으니까

17) ―공항에는 열 시까지 (　　).
　☑　① 가면 안 돼요　　　　　　② 가야 해요
　　　③ 간 적이 있어요　　　　　④ 가는 중이에요

➡　【正答】は93ページ、【解説】は216、217ページへ

助詞・語尾・慣用表現問題

18)——A : 그것은 누구한테서 들은 얘기예요?

　　　B : 어제 사장님（　　） 그렇게 말씀하셨어요.

☑　　① 께서　　　　　② 께　　　　　③ 에게서　　　　④ 부터

19)——A : 내일 저녁에는 어때요?

　　　B : 미안해요. 저는 오늘（　　） 시간이 없어요.

☑　　① 처럼　　　　　② 보다　　　　　③ 까지　　　　　④ 밖에

20)——A : 저녁에 맥주（　　） 마시러 갈까요?

　　　B : 좋지요. 일이 끝나면 전화 주세요.

☑　　① 만　　　　　　② 라도　　　　　③ 라서　　　　　④ 로

21)——A : 이 일은 부모님도 알고 계세요?

　　　B : 네. 제가 부모님（　　） 다 말씀을 드렸어요.

☑　　① 에　　　　　　② 에게서　　　　③ 께　　　　　④ 께서

22)——A : 여름 방학은 어떻게 지냈어요?

　　　B : 집에서 책（　　） 읽고 지냈어요.

☑　　① 밖에　　　　　② 이라도　　　　③ 보다　　　　　④ 만

23)——A : 왜 그렇게 힘이 없어요?

　　　B : 발표 준비 때문에 잠을 （　　）.

☑　　① 못 잤거든요　　　　　　　② 못 잤을 거예요

　　　③ 못 자도 돼요　　　　　　　④ 못 자겠어요

➡　【正答】は93ページ、【解説】は218ページへ

24) — A : 이는 언제 닦아요?

　　 B : 나는 식사를 (　　) 닦아요.

☑　① 하기 때문에　　　　　　② 한 뒤에

　　③ 한 결과　　　　　　　　④ 한 것처럼

25) — A : 여름 방학에 뭐 할 거예요?

　　 B : 친구하고 한국에 여행을 (　　).

☑　① 가는 중이에요　　　　　② 간 적이 있어요

　　③ 가면 돼요　　　　　　　④ 갈 거예요

26) — A : 같이 점심 먹으러 갈까요?

　　 B : 미안해요. 저는 조금 전에 (　　).

☑　① 먹을 거예요　　　　　　② 먹어요

　　③ 먹었어요　　　　　　　④ 먹을게요

27) — A : 도장은 어디에 (　　)?

　　 B : 여기 이름 뒤에 찍으면 돼요.

☑　① 찍으면 어때요　　　　　② 찍어야 돼요

　　③ 찍겠어요　　　　　　　④ 찍어도 돼요

28) — A : 그 일은 언제부터 (　　)?

　　 B : 다음 주부터 시작할 생각이에요.

☑　① 시작하겠어요　　　　　② 시작해야 해요

　　③ 시작해도 돼요　　　　　④ 시작하면 돼요

➡　【解説】は218ページへ

③ あいさつなど定型表現問題

※ 次の場面や状況において最も適切なあいさつやあいづちなどの言葉を
  ①～④の中から1つ選びなさい。

1) ―相手の労をねぎらうとき。

☑ ① 다녀오겠습니다.　　　② 수고 많으셨어요.
　 ③ 고마웠어요.　　　　　④ 됐어요.

2) ―寝る前に親にあいさつするとき。

☑ ① 다녀오세요.　　　　　② 처음 뵙겠습니다.
　 ③ 신세 많이 졌습니다.　④ 안녕히 주무세요.

3) ―相手から感謝されたとき。

☑ ① 그럼요.　　　　　　　② 괜찮아요.
　 ③ 뭘요.　　　　　　　　④ 죄송합니다.

4) ―相手から何かを勧められて断るとき。

☑ ① 됐습니다.　　　　　　② 글쎄요.
　 ③ 미안합니다.　　　　　④ 무슨 말씀을요.

5) ―先生に新年のあいさつをするとき。

☑ ① 신세 많이 졌습니다.　② 새해 복 많이 받으세요.
　 ③ 축하드립니다.　　　　④ 잘 부탁합니다.

6) ―知り合いに食事をおごってもらった後。

☑ ① 수고하셨습니다.　　　② 많이 드세요.
　 ③ 잘 먹었습니다.　　　　④ 잘 먹겠습니다.

➡ 問題類型の解説は71ページ、4級出題のあいさつ表現は72ページの合格資料を参照

7) ──店で店員さんを呼ぶとき。
- ☑ ① 미안해요. ② 뭘요.
- ③ 여기요. ④ 수고하세요.

8) ──相手から褒めてもらったことを謙遜して打ち消すとき。
- ☑ ① 미안해요. ② 수고 많으셨어요.
- ③ 됐습니다. ④ 무슨 말씀을요.

9) ──相手を待たせようとするとき。
- ☑ ① 글쎄요. ② 실례합니다.
- ③ 또 봐요. ④ 잠시만요.

10) ──外出する祖父を見送るとき。
- ☑ ① 수고하세요. ② 또 뵙겠습니다.
- ③ 다녀오세요. ④ 안녕히 가세요.

11) ──相手の考えに賛成するとき。
- ☑ ① 글쎄요. ② 그럼요.
- ③ 천만에요. ④ 반가워요.

12) ──朝起きて、祖父母にあいさつするとき。
- ☑ ① 안녕히 주무셨어요? ② 됐어요?
- ③ 어떻습니까? ④ 안녕히 주무세요.

13) ──誕生日の人にお祝いを言うとき。
- ☑ ① 감사드립니다. ② 축하드립니다.
- ③ 됐습니다. ④ 새해 복 많이 받으세요.

➡ 【正答】は93ページ、【解説】は219ページへ

3 あいさつなど定型表現問題

14) ― 忘れていたことをふっと思い出したとき。
☑　① 건배!　　　　　　　　② 그렇지요.
　　③ 아, 맞다.　　　　　　④ 맞아요.

15) ― 自宅に来たお客さんに食事を勧めるとき。
☑　① 수고하세요.　　　　② 잘 먹겠습니다.
　　③ 잘 먹었어요.　　　　④ 많이 드세요.

16) ― お茶を勧められ、断るとき。
☑　① 죄송합니다.　　　　② 됐어요.
　　③ 모르겠어요.　　　　④ 글쎄요.

17) ― お客さんを迎えるとき。
☑　① 어떠세요?　　　　　② 다녀오세요.
　　③ 어서 오세요.　　　　④ 잘 먹겠습니다.

18) ― 人にお世話になったとき。
☑　① 수고하셨어요.　　　② 잘 먹었습니다.
　　③ 다녀오겠습니다.　　④ 신세 많이 졌습니다.

19) ― 即座に答えられないとき。
☑　① 글쎄요.　　　　　　② 그럼요.
　　③ 그렇지요.　　　　　④ 잠시만요.

20) ― 仕事中の人に声をかけるとき。
☑　① 수고하셨습니다.　　② 수고하십니다.
　　③ 고마웠습니다.　　　④ 천만에요.

➡　【解説】は220ページへ

1 用言の基本形問題 / 2 助詞・語尾・慣用表現問題　正答

➡ 用言の基本形問題は82ページ、解説は214ページへ、
助詞・語尾・慣用表現問題は86ページ、解説は216ページへ

1 用言の基本形問題				2 助詞・語尾・慣用表現問題			
問題	正答	問題	正答	問題	正答	問題	正答
1	③	19	③	1	②	15	④
2	④	20	④	2	③	16	③
3	④	21	②	3	④	17	②
4	①	22	①	4	①	18	①
5	④	23	③	5	③	19	④
6	③	24	③	6	②	20	②
7	④	25	②	7	④	21	③
8	③	26	③	8	②	22	④
9	②	27	②	9	③	23	①
10	①	28	④	10	①	24	②
11	④	29	②	11	④	25	④
12	④	30	①	12	③	26	③
13	③	31	②	13	②	27	②
14	②	32	④	14	①	28	①
15	④	33	②				
16	④	34	③				
17	①	35	①				
18	②						

※ 全問正解になるまで繰り返し
練習をしてください。

3 あいさつなど定型表現問題　正答

➡ あいさつなど定型表現問題は90ページ、解説は219ページへ

3 あいさつなど定型表現問題							
問題	正答	問題	正答	問題	正答	問題	正答
1	②	6	③	11	②	16	②
2	④	7	③	12	①	17	③
3	③	8	④	13	②	18	④
4	①	9	④	14	③	19	①
5	②	10	③	15	④	20	②

第3章　文法と定型表現

第4章

文の内容理解問題

文の内容理解に関する問題

1 出題内容

文の内容理解に関する問題は、
①対話文を提示し、空所になっている個所を埋めるのに適切な文を選んで対話文を完成させる問題が4問（配点各2点）、②文章、または対話文を提示し、問いに答える問題が、問題文1つに2問ずつの構成で4問（配点各2点）出題される。

1 対話文の空所完成問題

本試験では大問6の問題として出題される。対話文全体の内容を理解し、文脈に合わせて空所に適した文が選べるかが問われる問題である。対話文の内容を正しく理解するのに必要な語彙力と文法力が求められる問題である。

2 文章の内容理解問題

本試験の大問11の問題として出題される。文章を読んで、①空所に入る語句を選ぶ問題が1問、②文章の内容と一致する選択肢を選ぶ問題が1問の2問セットで構成される。文章を読んでその意味を正しく理解できないと内容が一致する選択肢は選べない。普段からある程度まとまった文章が読める語彙力と読解力を養っておくことが求められる。

3 対話文の内容理解問題

本試験の大問12の問題として出題される。出題形式は大問11と同じで、対話文を読んで、①空所に入る語句を選ぶ問題が1問、②対話文の内容と一致する選択肢を選ぶ問題が1問の2問セットで構成される。対話文全体の内容を理解できる力と、空所前後の文脈に合わせて、空所に適した語句を選べる語彙力、文法力が求められる問題である。

2 問題類型

問題類型 1 　対話文の空所完成問題

・対話文を提示し、文中の空所に入るのに適切な文を選んで完成させる問題が4問（配点各2点）出題される。

・問題の対話文は3行程度の対話で構成される。まず提示された対話文を通して何について話しているか全体の流れを把握する。次は空所前後の内容に注意しながら空所にそれぞれの選択肢の文を入れてみて、文脈に合っているかどうかを確認していくとよい。

例題　対話文を完成させるのに最も適切なものを①～④の中から1つ選びなさい。　　　　　　　　　　　　　　　　　　　　　〈2点 × 4問〉

1) A：실례지만, 김민수 씨 계십니까?

　　B：(　　　　).

　　A：그럼 다시 전화 드리겠습니다.

　　① 다시 한 번 말씀해 주세요

　　② 그런 사람 없습니다

　　③ 지금 회의 중입니다

　　④ 잠깐만 기다리십시오

2) A：오늘 2시에 회의가 있지요?

　　B：(　　　　).

　　A：그럼 제가 잘못 알고 있었네요.

　　① 네, 회의는 오늘 있어요

　　② 아뇨, 회의는 내일 2시예요

　　③ 네, 2시부터예요

　　④ 아뇨, 오늘은 안 돼요

3) A：우리 집에 놀러 오세요.

　　B：정말로 (　　　　)?

　　A：그럼요. 주말에는 집에 있으니까 언제라도 놀러 오세요.

第4章　文の内容理解

97

① 가도 돼요

② 가지 않겠어요

③ 가겠어요

④ 가면 안돼요

4) A : (　　　　)?

B : 아뇨, 시간 많이 있어요.

A : 그럼 저녁에 같이 밥 먹으러 갈까요?

① 배 고프지 않아요

② 오늘 시간이 있어요

③ 일이 거의 끝났지요

④ 오늘 바쁘시죠

正解 1) ③　　2) ②　　3) ①　　4) ④

解説 1) A : 失礼ですが、キム・ミンスさんいらっしゃいますか。

B : (　　　)。

A : それではまた電話いたします。

① もう一度おっしゃってください　　② そういう人はいません

③ いま会議中です　　④ 少々お待ちください

2) A : 今日の2時に会議がありますよね。

B : (　　　)。

A : じゃあ私が間違って知っていたんですね。

① はい、会議は今日あります　　② いいえ、会議は明日の2時です

③ はい、2時からです　　④ いいえ、今日はだめです

3) A : 我が家に遊びに来てください。

B : 本当に(　　　)。

A : もちろんです。週末は家にいるのでいつでも遊びに来てください。

① 行ってもいいですか　　② 行きませんか

③ 行きますか　　④ 行ってはいけませんか

4) A : (　　　)。

B : いいえ、時間はたくさんあります。

A : では、夕方一緒にご飯を食べに行きましょうか。

① おなか空いていませんか　　② 今日時間がありますか

③ 仕事はほぼ終わりましたよね　　④ 今日忙しいですか

問題類型2　文章の内容理解問題

- 文章を読んで問いに答える問題が、問題文1つに2問（配点各2点）の構成で出題される。

- 問いは、問題文を読んで①文中の空所に入れるのに適した語句を選ぶ空所補充問題が1問、②問題文の内容と一致するものを選ぶ内容一致問題が1問の2問セットで構成される。

・・

【問1】（　　）に入れるのに適切なものを①〜④の中から1つ選びなさい。
【問2】本文の内容と一致するものを①〜④の中から1つ選びなさい。

・・

- 問題文は、4級レベルの語彙と文法表現が用いられた3〜4行程度の文章で出題される。この短い文章を読んで、その内容が理解できるくらいの語彙力と文法力を持っているかが問われる問題である。4級のレベルではなかなかまとまった文章を読む機会はないが、単に単語と文法項目を覚える学習だけでなく、できるだけ文章を通して語彙力と読解力を同時に伸ばしていく学習に切り替えることが望ましい。

例題　文章を読んで問いに答えなさい。　　　　　　　　　　〈2点×2問〉

　　作년 여름 방학에 친구들하고 서울에 갔습니다. 친구 중의 한 명은 한국어를 한국 사람처럼 잘했습니다. 그 친구가 한국어를 잘하는 것을 처음 알았기 때문에 (　　　　). 나는 대학교에서 1년 동안 배웠지만 전혀 말을 하지 못합니다. 나도 열심히 공부해서 친구처럼 한국어를 잘하고 싶고, 혼자 여행도 가고 싶습니다.

【問1】　（　　）に入れるのに適切なものを①〜④の中から1つ選びなさい。
　　　　① 정말로 편했습니다　　　　　　② 무척 기뻤습니다
　　　　③ 번역해 주었습니다　　　　　　④ 아주 놀랐습니다

【問2】　本文の内容と一致するものを①〜④の中から1つ選びなさい。
　　　　① 나는 한국어를 배운 적이 없습니다.
　　　　② 친구가 한국어를 잘하는 것을 전혀 몰랐습니다.
　　　　③ 나는 작년 여름에 처음 서울에 갔습니다.
　　　　④ 친구는 한국어를 잘해서 혼자 여행도 갑니다.

正解　【問1】④　　　【問2】②

解説 文章を読んで、問いに答えなさい。

　　　去年の夏休みに友だちとソウルに行きました。友だちの中の一人は、韓国語を韓国人のように上手に話しました。その友だちが韓国語を上手に話せることを初めて知ったので（　　　）。私は大学で１年間学びましたが、全く話せません。私も一生懸命勉強して友だちのように韓国語が上手になりたいですし、一人で旅行も行きたいです。

【問1】　（　　　）に入れるのに適切なものを①～④の中から１つ選びなさい。
　　　　① 本当に楽でした　　　　　　　② 非常に嬉しかったです
　　　　③ 翻訳してくれました　　　　　④ とても驚きました

【問2】　本文の内容と一致するものを①～④の中から１つ選びなさい。
　　　　① 私は韓国語が学んだことがありません。
　　　　② 友だちが韓国語が上手なことを全く知らなかったです。
　　　　③ 私は昨年夏に初めてソウルに行きました。
　　　　④ 友だちは韓国語が上手で一人で旅行も行きます。

問題類型3　　対話文の内容理解問題

・対話文を読んで問いに答える問題が、問題文１つに２問（配点各２点）の構成で出題される。

・問いは、対話文を読んで①文中の空所に入れるのに適した語句を選ぶ空所補充問題が１問、②対話文の内容と一致するものを選ぶ内容一致問題が１問の２問セットで構成される。

....

【問1】（　　　）に入れるのに適切なものを①～④の中から1つ選びなさい。
【問2】本文の内容と一致するものを①～④の中から1つ選びなさい。

....

・問題文は、4級レベルの語彙と文法表現が用いられた4～6行程度の文章で出題される。このくらいの長さの対話文を読んで、その内容が理解できるくらいの語彙力と文法力を持っているかが問われる問題である。

例題　対話文を読んで、問いに答えなさい。　　　　　　　　　　　　〈2点×2問〉

유미：취미가 어떻게 되세요?
수민：이전에는 농구를 하는 게 취미였어요. 몸을 많이 움직이는 게 좋았거든요. 그러나 지금은 농구를 보는 게 취미예요.

유미：왜 그렇게 취미가 바뀌었어요?

수민：농구를 할 때 다리를 다쳐서요.

유미：그럼 아직도 다리가 아파요?

수민：아뇨, (　　　　).

【問1】　（　　）に入れるのに適切なものを①～④の中から1つ選びなさい。
① 지금은 움직이고 싶지 않아요
② 운동을 다시 시작할 거예요
③ 아직도 움직이면 아파요
④ 지금은 거의 다 나았어요

【問2】　本文の内容と一致するものを①～④の中から1つ選びなさい。
① 수민의 취미는 이전과 다르지 않습니다.
② 수민은 지금은 다리가 아프지 않습니다.
③ 유미는 수민의 다리를 걱정하고 있습니다.
④ 수민은 다리가 안 나아서 농구를 못합니다.

正解　【問1】④　　【問2】②

解説　対話文を読んで、問いに答えなさい。

ユ　ミ: 趣味は何ですか。

スミン: 以前はバスケットボールをするのが趣味でした。体をたくさん動かすのが
好きだったからです。しかし、今はバスケットボールを見るのが趣味です。

ユ　ミ: どうしてそんなに趣味が変わったのですか。

スミン: バスケットボールをした時、足を怪我したからです。

ユ　ミ: では、まだ足が痛いんですか。

スミン: いいえ、（　　　）。

【問1】　（　　）に入れるのに適切なものを①～④の中から1つ選びなさい。
① 今は動きたくありません
② 運動をまた始めるつもりです
③ まだ動くと痛いです
④ 今はほとんど治りました

【問2】　本文の内容と一致するものを①～④の中から1つ選びなさい。
① スミンの趣味は以前と変わりません。
② スミンはいまは足が痛くありません。
③ ユミはスミンの足を心配しています。
④ スミンは足が治ってないのでバスケットボールができません。

対話文の空所完成問題

※ 対話文を完成させるのに最も適切なものを①~④の中から1つ選びなさい。

1) ─ A : 다음 달에는 저도 대학을 졸업해요.

   B : 벌써 그렇게 됐어요? (   )?

   A : 대학원에 가서 공부를 더 할 생각이에요.

   ☑ ① 그럼 유학은 안 가요　　　② 그럼 올해부터는 수업이 없어요

   ③ 대학 생활은 재미있었어요　　④ 졸업한 뒤에는 뭘 할 거예요

2) ─ A : 머리 모양이 달라졌네요.

   B : 네, 날씨가 더워서 짧게 깎았어요.

   A : (   ). 나도 그렇게 하고 싶어요.

   ☑ ① 정말 오랜만이에요　　　② 잘 어울려요

   ③ 잘 알겠어요　　　　　　　④ 여름이라서 편해요

3) ─ A : 준비는 다 끝났어요?

   B : (   ). 두 시간쯤 더 해야 돼요.

   A : 생각보다 시간이 많이 걸리네요.

   ☑ ① 아까 끝났어요　　　　　② 시간이 모자라요

   ③ 아직 멀었어요　　　　　　④ 너무 인기가 많아요

4) ─ A : (   )?

   B : 네, 오늘 탁구 시합에서 이겼거든요.

   A : 그래요? 축하드립니다.

   ☑ ① 오늘이 생일이에요　　　② 무슨 좋은 일이 있어요

   ③ 운동이 재미있어요　　　　④ 언니가 결혼했어요

➡ 問題類型の解説は97ページへ

5) ── A : 이 한자는 어떻게 읽어요?

   B : (   ).

   A : 일본어로 한자를 읽는 것은 너무 어렵네요.

   ☑ ① 나도 모르겠어요　　　　　② 사전을 찾아 보세요

   ③ 설명해도 모를 거예요　　　④ 잘 들어 보세요

6) ── A : 오늘은 날씨가 안 좋아서 야구를 못 하겠네요.

   B : (   )

   A : 좋지요. 그렇게 해요.

   ☑ ① 비가 와서 걱정이에요.　　② 그럼 탁구라도 치러 갈까요?

   ③ 바람이 많이 부네요.　　　　④ 그럼 택시를 타고 갈까요?

7) ── A : 이 모자 어때요?

   B : 멋있어요. (   ).

   A : 색깔이 마음에 들어서 샀어요.

   ☑ ① 한번 벗어 보세요　　　　② 검은색이라서 비싸요

   ③ 나도 써 볼게요　　　　　　④ 옷하고 잘 어울려요

8) ── A : 이 건물에서 진짜 바다가 보여요?

   B : 네, (   ).

   A : 그럼 올라가 볼게요.

   ☑ ① 나도 모르지만 올라가 보세요　② 칠 층 이상 올라가면 보일 거예요

   ③ 이 계단으로 내려가면 될 거예요　④ 지금은 겨울이라서 추울 거예요

9) ── A : 여름 방학에 중국에 가는 건 어떻게 됐어요?

   B : 모여서 얘기해 봤지만 아직 정하지 못했어요.

   A : 그래요? (   )

➡ 【正答】は114ページ、【解説】は221ページへ

1 対話文の空所完成問題

☑ ① 우선 비행기표를 사 둘까요?　② 그럼 누가 정할 거예요?
　③ 그때는 더워서 힘들 거예요.　④ 그럼 어떻게 될까요?

10) ─ A : 실례지만 (　　　　)?

　　B : 저는 예순입니다.

　　A : 그러세요? 저의 아버지와 같으시네요.

☑ ① 성함이 어떻게 되세요　　② 여기에 몇 년간 사셨죠
　③ 연세가 어떻게 되세요　　④ 저의 부모님을 아세요

11) ─ A : 아침 일찍 찾아와서 죄송해요.

　　B : 아니요, 괜찮아요. 무슨 일이 있어요?

　　A : 네, (　　　　).

☑ ① 부탁하고 싶은 일이 있어서요　② 세수를 한 후에 떠나려고요
　③ 흰색 지갑을 잃어버려서요　　④ 같이 아침을 먹고 싶어서요

12) ─ A : 여보세요? 김수민입니다.

　　B : 혹시 감기 들었어요? (　　　　).

　　A : 네, 어제부터 목이 좀 아파요.

☑ ① 빨리 약을 드세요　　② 목소리가 이상하네요
　③ 하지만 식사는 해야 돼요　　④ 그렇지만 운동은 해야지요

13) ─ A : 무슨 일이 있었어요? 무척 피곤해 보이네요.

　　B : (　　　　).

　　A : 다 잘 끝났으니까 일찍 집에 가서 쉬세요.

☑ ① 너무 걱정하지 않아도 돼요　② 회사에서 잠을 잘 생각이에요
　③ 발표 준비 때문에 잠을 못 잤어요 ④ 이번 일은 너무 힘들었어요

➡　【正答】は114ページ、【解説】は222ページへ

14) ― A : 언제 서울에 유학을 왔어요?

B : 일 년 전에 왔어요.

A : (   )? 그렇지만 한국어를 너무 잘하네요.

☑ ① 한국 음식이 입에 맞아요　② 한국어 발음이 어렵죠

③ 그렇게 오래 살았어요　④ 일 년밖에 안 됐어요

15) ― A : 그럼 회의를 시작할까요?

B : (   ).

A : 시간이 됐으니까 기다리지 말고 시작합시다.

☑ ① 지금 바쁘니까 기다리세요　② 십 분쯤 늦을 거예요

③ 다 모였으니까 괜찮아요　④ 아직 세 명이 안 왔네요

16) ― A : 이거 내가 만든 반찬이에요. 드셔 보세요.

B : (   ). 이거 어떻게 만들어요?

A : 그럼 다음에 같이 만들어 봐요.

☑ ① 밥도 있으면 좋겠어요　② 달아서 맛있을 거예요

③ 좀 맵지만 아주 맛있네요　④ 맛을 봐도 잘 모르겠어요

17) ― A : 아침부터 갑자기 콧물이 나오고 목이 아파요.

B : 아마 감기일 거예요. 약은 드셨어요?

A : (   ).

☑ ① 먼저 식사를 해야 돼요　② 네, 아까 먹었어요

③ 아뇨, 배가 아파서요　④ 네, 우선 약국에 가려고요

18) ― A : 할머니 연세가 어떻게 되세요?

B : (   ).

A : 그래요? 하지만 무척 젊어 보이시네요.

☑ ① 지난달에 여든이 되셨어요　② 매일 공원에 가서 걸으세요

③ 다리가 아파서 병원에 가셨어요　④ 그렇게 걱정 안 하셔도 돼요

➡ 【解説】は223ページへ

2 文章の内容理解問題

1 文章を読んで、問いに答えなさい。

나는 이제까지 모르는 단어를 찾을 때 종이 사전을 이용했습니다. (   ) 늘 종이 사전을 가방에 넣어 가지고 다니는 것은 무겁고 불편했습니다. 그래서 얼마 전부터 단어를 찾을 때 스마트폰을 이용해 찾고 있습니다. 이제는 무거운 종이 사전을 가지고 다니지 않습니다. 스마트폰만 있으면 되기 때문에 아주 편리합니다.

【問1】(   )に入れるのに適切なものを①～④の中から1つ選びなさい。

☑　　① 그러니까　　② 그리고　　③ 그렇지만　　④ 그러면

【問2】本文の内容と一致するものを①～④の中から1つ選びなさい。

☑　　① 단어를 찍어서 번역하려고 스마트폰을 샀습니다.

　　　② 얼마 전까지는 스마트폰이 없었습니다.

　　　③ 아직도 종이 사전을 쓰는 사람은 없습니다.

　　　④ 지금은 스마트폰을 이용해 단어를 찾습니다.

2 文章を読んで、問いに答えなさい。

요즘 안경을 쓰는 어린이들이 많습니다. 이렇게 안경을 쓴 어린이가 많은 것은 이전보다 컴퓨터와 스마트폰을 많이 이용하기 때문입니다. 눈이 나쁘면 여러 가지로 불편합니다. 그래서 눈의 건강은 아주 중요합니다. (   ) 가끔 눈을 쉬고 먼 곳을 보는 것도 좋습니다.

【問1】(   )に入れるのに適切なものを①～④の中から1つ選びなさい。

☑　　① 하루에 세 번 시간을 정해서　　② 눈을 건강하게 하려면

　　　③ 책을 보지 않을 때는　　④ 영화와 연극을 볼 때도

➡ 問題類型の解説は99ページへ

【問２】本文の内容と一致するものを①〜④の中から１つ選びなさい。

☑ ① 눈이 나쁘면 안경을 써야 합니다.

② 컴퓨터를 많이 쓰면 먼 곳이 안 보입니다.

③ 눈이 좋지 않은 어린이들이 많습니다.

④ 안경을 쓰면 여러 가지로 불편합니다.

---

3 文章を読んで、問いに答えなさい。

처음 만난 사람과 친구가 되는 것은 쉽지 않습니다. 그렇지만 방법이 없는 것은 아닙니다. 그것은 (　　　). 사람들은 자기 이야기를 들어 주는 사람에게는 마음을 열기 때문입니다. 그리고 그 사람의 눈을 보고 웃으면서 이야기하는 것도 좋습니다.

【問１】(　　　) に入れるのに適切なものを①〜④の中から１つ選びなさい。

☑ ① 다른 사람의 이야기를 잘 들어 주는 것입니다

② 마음이 통하는 사람을 만나는 것입니다

③ 싫은 사람의 이야기도 들어 보는 것입니다

④ 여러 사람들과 이야기를 하는 것입니다

【問２】本文の内容と一致するものを①〜④の中から１つ選びなさい。

☑ ① 눈을 보지 않고 이야기하면 실례가 됩니다.

② 친구가 되려면 그 사람 얘기를 잘 들어 주는 것이 좋습니다.

③ 자주 만나서 이야기하면 친구가 됩니다.

④ 친구가 되려면 자기 이야기를 많이 해야 합니다.

➡ 【正答】は114ページ、【解説】は224ページへ

4 文章を読んで、問いに答えなさい。

　요즘 사람들은 건강에 관심이 많습니다. 그래서 매일 운동을 하는 사람들도 있습니다. (　　　) 너무 많이 운동을 하는 것은 건강에 좋지 않습니다. 우리 몸도 쉴 시간이 필요하기 때문입니다. 일주일에 5일 정도 운동하고 이틀은 쉬는 것이 좋습니다.

【問1】（　　　）に入れるのに適切なものを①～④の中から１つ選びなさい。

☑　　　① 그러니까　　　② 그리고　　　③ 그래서　　　④ 그러나

【問2】本文の内容と一致するものを①～④の中から１つ選びなさい。

☑　　　① 이틀에 한 번 쉬고 운동하는 것이 좋습니다.

　　　② 매일 계속해서 운동하는 것이 건강에 좋습니다.

　　　③ 일주일에 다섯 번 운동하는 사람들이 건강합니다.

　　　④ 매일 운동하는 것이 꼭 건강에 좋은 것은 아닙니다.

5 文章を読んで、問いに答えなさい。

　요즘 요리를 배우는 남자들이 늘고 있습니다. 부부가 둘 다 일을 하니까 남자들도 집에서 음식을 만들어야 할 때가 많기 때문입니다. 또 요리에 관심이 많아서 요리 교실에 다니는 남자들도 있습니다. 생활에 필요해서 배우는 것이 아니라 (　　　) 배우는 것입니다.

【問1】（　　　）に入れるのに適切なものを①～④の中から１つ選びなさい。

☑　　　① 그냥 시간을 보내려고　　　② 여러 사람들과 만나려고

　　　③ 그냥 요리를 좋아해서　　　④ 여러 반찬을 만들어 보려고

➡　【正答】は114ページ、【解説】は225ページへ

【問2】本文の内容と一致するものを①～④の中から1つ選びなさい。

☑　① 집에서 요리를 해야 하는 남자들도 있습니다.

② 요리를 직업으로 하려고 배우는 남자들도 많습니다.

③ 이전에는 요리 교실에 다니는 남자들은 많지 않았습니다.

④ 요즘은 같이 요리를 배우는 부부가 많습니다.

6 文章を読んで、問いに答えなさい。

　내 방에는 여러 가지 물건이 많습니다. 왜냐하면 (　　　). 지금 쓰고 있는 책상과 의자는 20년 전에 부모님께서 사 주신 것입니다. 벽에 있는 시계는 10년 전에 내가 처음 외국 여행을 갔을 때 산 것입니다. 이 물건들을 보고 있으면 여러 가지 일들이 기억이 납니다.

【問1】（　　）に入れるのに適切なものを①～④の中から1つ選びなさい。

☑　① 물건을 모으는 것이 취미이기 때문입니다

② 매년 새 것을 사기 때문입니다

③ 선물을 많이 받았기 때문입니다

④ 내가 물건을 잘 버리지 않기 때문입니다

【問2】本文の内容と一致するものを①～④の中から1つ選びなさい。

☑　① 부모님은 20년 전의 책상을 지금도 씁니다.

② 나는 10년 전에 처음 외국 여행을 했습니다.

③ 나는 물건을 사는 것이 취미입니다.

④ 벽 시계는 여행 선물로 받은 것입니다.

➡　【解説】は225ページへ

対話文の内容理解問題

対話文を読んで、問いに答えなさい。

수민: 요즘 무슨 책을 읽고 있어요?

유리: 역사 소설이요. 난 역사 소설을 읽는 게 취미거든요.

　　　 오늘도 도서관에 가서 세 권 빌려 왔어요.

수민: 그렇게 재미있어요? 난 역사 소설을 읽은 적이 없어요.

　　　 좋은 책이 있으면 (　　　).

유리: 그럼 내가 재미있게 읽은 걸로 소개해 드릴게요.

【問１】(　　　)に入れるのに適切なものを①〜④の中から１つ選びなさい。

☑　　① 나한테 빌려 주세요　　　　② 나도 읽어 봐야 해요

　　　③ 나도 재미있을 거예요　　　　④ 나한테도 소개해 주세요

【問２】本文の内容と一致するものを①〜④の中から１つ選びなさい。

☑　　① 수민은 소설에 관심이 없습니다.

　　　② 유리가 요즘 읽는 것은 역사 소설입니다.

　　　③ 수민은 소설을 읽어 본 적이 없습니다.

　　　④ 유리는 오늘 빌린 책을 다 읽었습니다.

対話文を読んで、問いに答えなさい。

혜영: 우리 아들이 다음 달에 유학에서 돌아와요.

민수: (　　　)?

혜영: 네, 다음 주에 대학을 졸업하니까 5년이 지났네요.

　　　 지나고 보면 시간이 빨라요.

민수: 그럼 돌아온 후에는 뭘 해요?

혜영: 돌아오면 바로 회사에 들어가서 일할 예정이에요.

➡ 問題類型の解説は100ページへ

【問1】（　　）に入れるのに適切なものを①～④の中から1つ選びなさい。

☑　① 벌써 졸업했어요　　　　　② 갑자기 왜 돌아와요

　　③ 벌써 그렇게 됐어요　　　　④ 무슨 일이 있었어요

【問2】本文の内容と一致するものを①～④の中から1つ選びなさい。

☑　① 혜영의 아들은 회사에서 일합니다.

　　② 민수는 지영의 아들을 잘 압니다.

　　③ 혜영의 아들은 졸업까지 한 달 남았습니다.

　　④ 혜영의 아들은 5년 전에 유학을 갔습니다.

3 対話文を読んで、問いに答えなさい。

미호: 오늘은 아침부터 무척 덥네요.

유미: 여름 같네요. 5월에 이렇게 더운 건 처음이에요.

미호: 더우니까 맥주 생각이 나네요.

유미: 맥주요? 그럼 오늘 (　　　　)?

미호: 좋지요. 그럼 일이 끝나면 바로 연락 주세요.

【問1】（　　）に入れるのに適切なものを①～④の中から1つ選びなさい。

☑　① 다른 약속은 없어요　　　　② 일 끝나고 마시러 갈까요

　　③ 다 마시면 안 돼요　　　　　④ 몇 시에 갈 거예요

【問2】本文の内容と一致するものを①～④の中から1つ選びなさい。

☑　① 두 사람은 맥주를 마실 예정입니다.

　　② 미호는 더운 여름을 좋아합니다.

　　③ 유미는 더워서 일을 일찍 끝낼 생각입니다.

　　④ 미호가 먼저 가서 기다릴 예정입니다.

➡　【正答】は114ページ、【解説】は226ページへ

4 対話文を読んで、問いに答えなさい。

지민: 윤미 씨는 누구 노래를 좋아해요?

윤미: 난 김아영 노래를 좋아해요. 노래를 들어 본 적이 있어요?

지민: 아뇨, 노래는 모르지만 이름은 들은 적이 있어요.
　　　요즘 인기가 있는 젊은 가수죠?

윤미: 네, 밝고 힘 있는 목소리가 무척 마음에 들어요.

지민: 그래요? 그럼 나도 한번 (　　　).

【問1】(　　　) に入れるのに適切なものを①～④の中から1つ選びなさい。

☑　　① 찾아가 볼게요　　　　　　② 불러 볼 거예요
　　　③ 들어 보고 싶네요　　　　　④ 들어갈 생각이에요

【問2】本文の内容と一致するものを①～④の中から1つ選びなさい。

☑　　① 두 사람은 노래를 듣고 있습니다.
　　　② 지민은 김아영 노래를 들은 적이 없습니다.
　　　③ 윤미는 지민에게 젊은 가수를 소개했습니다.
　　　④ 지민은 가수의 이름을 처음 들었습니다.

5 対話文を読んで、問いに答えなさい。

유경: 오늘 저녁에 어디에서 만날까요?

수미: 네? 무슨 얘기예요?

유경: (　　　)? 오늘이 아니에요?

수미: 아, 미안해요. 일이 바빠서 잊고 있었어요.
　　　그럼 우리가 늘 만나는 역 앞의 커피숍에서 만나요.
　　　시간은 그대로 괜찮죠?

유경: 괜찮아요. 그럼 거기서 만나요.

➡ 【正答】は114ページ、【解説】は227ページへ

【問1】（　　　）に入れるのに適切なものを①～④の中から1つ選びなさい。

☑　① 아까 설명했잖아요

　　② 내 말 뜻을 모르겠어요

　　③ 왜 지금까지 연락을 안 했어요

　　④ 저녁 먹으러 갈 약속을 했잖아요

【問2】本文の内容と一致するものを①～④の中から1つ選びなさい。

☑　① 두 사람은 같이 식사하러 갈 예정입니다.

　　② 유경은 약속을 잊고 있었습니다.

　　③ 두 사람은 약속 시간을 바꿨습니다.

　　④ 수미는 커피숍에서 유경을 기다릴 겁니다.

6　対話文を読んで、問いに答えなさい。

영미: 와! 여기에 올라오니까 서울 시내가 다 보이네요.

유진: 그렇죠? 산이 높고 서울 가운데 있어서 그래요.

영미: 밤에 오면 더 아름답겠네요.

유진: 맞아요. (　　　) 밤에도 사람들이 많이 와요.

【問1】（　　　）に入れるのに適切なものを①～④の中から1つ選びなさい。

☑　① 그렇지만　　　② 그래서　　　③ 그러면　　　④ 그런데

【問2】本文の内容と一致するものを①～④の中から1つ選びなさい。

☑　① 유진은 가끔 밤에 여기에 옵니다.

　　② 두 사람은 밤 하늘을 보고 있습니다.

　　③ 영미는 여기에 처음 와 봤습니다.

　　④ 두 사람은 산에 오르려고 합니다.

➡　【解説】は228ページへ

➡ 対話文の空所完成問題は102ページ、解説は221ページへ、
　 文章の内容理解問題は106ページ、解説は224ページへ

1 対話文の空所完成問題				2 文章の内容理解問題						
問題	正答	問題	正答	問題		正答	問題		正答
1	④	10	③	1	【問1】	③	4	【問1】	④
2	②	11	①		【問2】	④		【問2】	④
3	③	12	②	2	【問1】	②	5	【問1】	③
4	②	13	③		【問2】	③		【問2】	①
5	①	14	④	3	【問1】	①	6	【問1】	④
6	②	15	④		【問2】	②		【問2】	②
7	④	16	③						
8	②	17	②						
9	④	18	①						

3 対話文の内容理解問題　正答

➡ 対話文の内容理解問題は110ページ、解説は226ページへ

3 対話文の内容理解問題					
問題		正答	問題		正答
1	【問1】	④	4	【問1】	③
	【問2】	②		【問2】	②
2	【問1】	③	5	【問1】	④
	【問2】	④		【問2】	①
3	【問1】	②	6	【問1】	②
	【問2】	①		【問2】	③

※ 全問正解になるまで繰り返し練習をしてください。

第5章

聞き取り問題

	問題類型	出題問題数	配点
1	イラスト問題	3	2
2	単語説明問題	4	2
3	応答文選択問題	5	2
4	文の内容一致問題	5	2
5	対話文の内容理解問題	3	2

聞き取りに関する問題

1 出題内容

> 聞き取り問題は、
> イラスト問題3問、単語説明問題4問、応答文選択問題5問、文の内容一致
> 問題5問、対話文内容理解問題3問の全20問構成で出題される。配点はす
> べて2点ずつ、合計40点で満点、試験時間は30分となっている。

1 イラスト問題

　問題冊子に示されたイラストを見て質問に答える問題が3問（配点各2点）出題される。
質問と答えの選択肢は放送で示される。

2 単語説明問題

　単語の意味についての説明を聞いて、その説明に該当する単語を選ぶ問題が4問（配
点各2点）出題される。問題の説明も選択肢も放送で示される。

3 応答文選択問題

　問いかけ、または話しかけの文を聞いて、それに対する応答文として適切なものを選
ぶ問題が5問（配点各2点）出題される。問題の問いかけの文は放送で、選択肢は問題
冊子で示される。

4 文の内容一致問題

　文章、もしくは対話文を聞いて、その内容と一致する選択肢を選ぶ問題が5問（配点
各2点）出題される。問題文は放送で、選択肢は問題冊子で示される。

5 対話文の内容理解問題

　対話文を聞いて、その内容について質問に答える問題が3問（配点各2点）出題される。
問題文と選択肢は放送で、質問は問題冊子で示される。

2 問題類型

問題類型 1 イラスト問題

- ・ 問題冊子に示されたイラストを見て、質問に答える問題が3問（配点各2点）出題される。質問と答えの選択肢は、放送でそれぞれ2回ずつ読まれる。

- ・ 質問は、次のような問い方で問われる。1問は①の問い方で、残りの2問は②の問い方で問われることが多い。

----

① 【質問】이 사람(남자/여자)은 무엇을 하고 있습니까?
／この人（男性／女性）は何をしていますか。
② 【質問】그림에 맞는 설명은 몇 번입니까?／絵に合う説明は何番ですか。

- ・ 質問と選択肢の放送が流れる前に問題冊子に示されたイラストを見て、どういう内容のイラストなのか情報を把握しておく。質問は①と②の質問が決まっているので、①イラストの中の人は何をしているのか、②イラストの内容と一致する説明は何番の選択肢なのかを放送を聞きながら順番に判断する。

> **例題** 質問文と選択肢を2回ずつ読みます。絵を見て、【質問】に対する答えとして適切なものを①〜④の中から1つ選んでください。　　〈2点 × 3問〉
>
> **【放送】**
> 1)【質問】이 사람은 무엇을 하고 있습니까?

① 손을 씻고 있습니다.

② 창문을 닦고 있습니다.

③ 그림을 그리고 있습니다.

④ 사과를 깎고 있습니다.

【放送】

2)【質問】그림에 맞는 설명은 몇 번입니까?

① 여자 아이가 모자를 쓰고 있습니다.

② 딸이 우산을 사려고 합니다.

③ 비가 오고 있습니다.

④ 바람이 불어서 걷지 못합니다.

【放送】

3)【質問】그림에 맞는 설명은 몇 번입니까?

① 여자는 개와 함께 뛰고 있습니다.

② 남자는 독서를 하고 있습니다.

③ 여자 아이가 계단을 오르고 있습니다.

④ 남자가 자전거를 타고 있습니다.

正解 1) ④   2) ③   3) ②

解説 1)【質問】この人は何をしていますか。
　　　① 手を洗っています。　　　　　② 窓を拭いています。
　　　③ 絵を描いています。　　　　　④ リンゴをむいています。

　　2)【質問】絵に合う説明は何番ですか。
　　　① 女の子が帽子をかぶっています。　② 娘が傘を買おうとしています。
　　　③ 雨が降っています。　　　　　　④ 風が吹いて歩けません。

　　3)【質問】絵に合う説明は何番ですか。
　　　① 女性は犬と一緒に走っています。　② 男性は読書をしています。
　　　③ 女の子が階段を上がっています。　④ 男性が自転車に乗っています。

問題類型2　　単語説明問題

・ 単語の意味を説明した問題文を聞いて、その説明に該当する選択肢の単語を選ぶ問題が
　4問 (配点各2点) 出題される。問題文と選択肢の単語はそれぞれ2回ずつ読まれる。

・ 問題として取り上げる単語は、主に4級出題範囲内の名詞の中から出題されることが
　多い。名詞の中でも、「교사(教師), 꿈(夢), 숟가락(スプーン), 편의점(コンビニ), 배추
　(白菜)」などのように、抽象的な意味を表す単語よりは具体的な物、形、関係、概念を
　表す単語のほうが多く出題される。

・ この単語説明問題は、問題文も選択肢も音声で出題されるので、問題冊子を通して前
　もって手がかりをつかむことはできない。キーワードになるようなものはメモを取っ
　て、説明の内容と選択肢の単語を照合するようにしよう。

> **例題** 短い文と選択肢を2回ずつ読みます。文の内容に合うものを①〜④の
> 中から1つ選んでください。　　　　　　　　　　　　　　　〈2点×4問〉
>
> 【放送】
> 1) 여기서는 여러 가지 생활에 필요한 물건을 팝니다.

【放送】

2) 운동을 하면 이것이 많이 납니다.

　　① 떡　　　　　② 꿈　　　　　③ 뜻　　　　　④ 땀

【放送】

3) 점심은 집에서 이것을 가지고 와서 먹습니다.

　　① 손가락　　　② 젓가락　　　③ 도시락　　　④ 손수건

【放送】

4) 다른 사람의 아내를 이렇게 말합니다.

　　① 부인　　　　② 어머님　　　③ 부부　　　　④ 여러분

＊＊＊＊＊

【放送】

1) 김치는 이것으로 만듭니다.

　　① 두부　　　　② 쌀　　　　　③ 달걀　　　　④ 배추

【放送】

2) 단어의 의미를 모를 때는 이것으로 찾아 봅니다.

　　① 수건　　　　② 지도　　　　③ 사전　　　　④ 소설

正解　1) ②　　2) ④　　3) ③　　4) ①　　/ 1) ④　　2) ③

解説　1) ここでは様々な生活に必要なものを売っています。

　　① 故郷　　　　　② コンビニ　　　③ 連絡先　　　　④ ショッピング

2) 運動をするとこれをたくさんかきます。

　　① 餅　　　　　　② 夢　　　　　③ 意味　　　　　④ 汗

✎ 땀이 나다：汗をかく、땀이 흐르다：汗が流れる

3) 昼食は家からこれを持って来て食べます。

　　① 指　　　　　　② 箸　　　　　③ 弁当　　　　　④ ハンカチ

4) 他人の妻をこのように言います。

　　① 奥様・夫人　　② お母さま　　③ 夫婦　　　　　④ 皆さん

＊＊＊＊＊

1) キムチはこれで作ります。

　　① 豆腐　　　　　② 米　　　　　③ 卵　　　　　　④ 白菜

2) 単語の意味を知らないときはこれで調べてみます。

　　① タオル　　　　② 地図　　　　③ 辞書　　　　　④ 小説

- 問いかけやあいさつなどの話しかけの問題文を2回聞いて、それに対する応答文として適切なものを選ぶ問題が5問（配点各2点）出題される。
- 問いかけの問題文は、いつ、どこで、誰が、何を、なぜ、どうやってのように、何について聞いているかをまず把握し、それに合わせて時間の質問なら時間で、理由の質問なら理由でのように応答の表現を判断する。
- また、「〜（し）ましょう、〜（し）ましょうか」のような提案や勧誘、意向を確認する内容の問題文は、イエスかノーかで答えることが多い。
- あいさつや話しかけの問題文は、その状況に合わせて応答の表現を判断する。

例題　問いかけなどの文を2回読みます。その応答文として適切なものを
①〜④の中から1つ選んでください。　　　　　　　　　　〈2点 × 5問〉

【放送】
1) 내일 몇 시에 떠날 거예요?

　① 아직 시간이 안 됐어요.　　② 갑자기 떠나면 안 돼요.

　③ 아직 안 정했어요.　　　　④ 내일은 네 시에 끝나요.

【放送】
2) 거울 좀 빌려주시겠어요?

　① 네, 걱정 안 해도 돼요.　　② 네, 여기 있어요.

　③ 아뇨, 아무것도 없어요.　　④ 아뇨, 잘 안 보여요.

【放送】
3) 이 문제는 어떻게 풀지요?

　① 글쎄요. 잘 모르겠네요.　　② 나도 기억이 안 나네요.

　③ 어제 다 풀어 봤어요.　　　④ 그런 건 안 풀어도 돼요.

【放送】
4) 오늘 일 끝나고 저녁 먹으러 갈까요?

　① 그럼 지금 거기로 갈게요.

　② 저녁은 아까 먹고 왔어요.

③ 아뇨, 그런 가게가 있는 걸 몰랐어요.

④ 좋지요. 일 끝나면 연락 주세요.

【放送】

5) 오늘 배구 시합은 어떻게 됐어요?

① 연습을 좀 더 해야 돼요.

② 늦잠을 자서 지각을 했어요.

③ 우리 학교가 이겼어요.

④ 그 얘기는 처음 들었어요.

正解 1) ③　　2) ②　　3) ①　　4) ④　　5) ③

解説 1) 明日何時に出発するつもりですか。

① まだ時間になっていません。

② 急に出発してはいけません。

③ まだ決めていません。

④ 明日は4時に終わります。

2) ちょっと鏡を貸していただけますか。

① はい、心配しなくてもいいです。

② はい、どうぞ。

③ いいえ、何もありません。

④ いいえ、よく見えません。

✎ 빌리다 : 借りる、빌려주다 : 貸す、貸してやる、貸してくれる

3) この問題はどうやって解きますか。

① さあ、よく分かりません。

② 私も思い出せません。（覚えていません）

③ 昨日全部解いてみました。

④ そんなものは解かなくてもいいです。

4) 今日仕事が終わってから夕食を食べに行きましょうか。

① では、いまそちらに行きます。

② 夕食は先ほど食べて来ました。

③ いいえ、そんな店があるのは知りませんでした。

④ いいですよ。仕事が終わったら連絡ください。

5) 今日のバレーボールの試合はどうなりましたか。

① もう少し練習をしなければなりません。

② 寝坊をして遅刻をしました。

③ うちの学校が勝ちました。

④ その話は初めて聞きました。

- 文章、または対話文を聞いて、内容と一致する選択肢を選ぶ問題が5問(各2点)出題される。問題文は2回読まれる。

- 選択肢は問題冊子に示されているので、問題文が放送される前に選択肢を読んで一致するかしないか判断すべき内容を把握しておく。問題文の内容の中で特に注意して聞くべきところがわかれば、選択肢の内容が一致するものなのかどうかが判断しやすい。

例題　文章もしくは対話文を2回読みます。その内容と一致するものを①〜④の中から1つ選んでください。　　　　　　　　　　　〈2点 × 5問〉

【放送】

1) 나는 중학교 때부터 한국 음악에 관심이 많았습니다.

대학을 1년쯤 쉬고 유학을 가려고 합니다.

① 大学で映画と音楽を勉強しています。

② 大学を卒業する前に留学するつもりです。

③ 子どもの頃から外国に留学することが夢でした。

④ 大学を辞めて留学する予定です。

【放送】

2) 나는 유미 씨와 같은 집에 삽니다. 우리는 둘 다 영화를

좋아해서 일요일에는 아침부터 저녁까지 영화를 봅니다.

① 二人の家は近いです。

② 二人は同じ学校に通っています。

③ 二人はいつも日曜日に会います。

④ 二人は同じ趣味を持っています。

【放送】

3) 나는 5년전에 이 회사에 들어왔습니다. 처음에는 모르는 것이

많아서 힘들었지만 이제는 회사 일이 재미있습니다.

① この会社に入社したのは5年前です。

② 当初は仕事がとても忙しかったです。

③ 仕事は分からないことが多いですが、楽しいです。

④ 会社の仕事のことで悩んでいます。

4) 男：오늘 시간 있으면 같이 영화 보러 갈까요?

　　女：미안해요. 오늘은 동생이 아파서 같이 병원에 가야 해요.
　　　　내일은 어때요?

　　男：내일은 안 돼요. 일본에서 친구가 와서 공항에 가야 해요.

　　女：그럼 다음에 보러 가요.

　　① 女性は明日、病院に行くつもりです。

　　② 男性は明日、日本へ旅行に行きます。

　　③ 二人は今日は映画を見に行けません。

　　④ 二人は友だちを迎えに空港に行きます。

【放送】

5) 女：운동을 좋아하세요?

　　男：네, 매주 주말에 축구를 해요. 미영 씨는요?

　　女：나는 가끔 가족과 탁구를 쳐요.

　　① 女性は運動が大好きです。

　　② 男性は毎日運動をしています。

　　③ 女性は毎日卓球をしています。

　　④ 男性は毎週サッカーをしています。

正解 1) ②　　2) ④　　3) ①　　4) ③　　5) ④

解説 1) 私は中学の時から韓国の音楽に関心がありました。
大学を1年ぐらい休んで留学しようと思っています。

2) 私はユミさんと同じ家に住んでいます。私たちは二人とも映画が好きなので、日曜日は朝から夕方まで映画を見ます。

3) 私は5年前にこの会社に入ってきました。最初は分からないことが多くて大変でしたが、今は会社の仕事が楽しいです。

4) 男：今日時間があれば一緒に映画を見に行きませんか。
女：ごめんなさい。今日は、妹が具合が悪くて一緒に病院へ行かなければなりません。明日はどうですか。
男：明日はだめです。日本から友だちが来るので空港に行かなければなりません。
女：じゃあ、次回見に行きましょう。

5) 女：運動は好きですか。
男：ええ、毎週、週末にサッカーをしています。ミョンさんは？
女：私はたまに家族と卓球をします。

問題類型5　対話文の内容理解問題

- 対話文を聞いて、問題冊子に示された質問に対する答えとして適切な選択肢を選ぶ問題が3問（配点各2点）出題される。問題文と選択肢はそれぞれ2回ずつ読まれる。

- 問題文が読まれる前に、問題冊子に示された質問を確認して、問題の対話文の内容の中で集中して聞くべきところを把握しておく。次は選択肢を聞きながら質問に適した答えはどれかを順に判断していく。質問としては、対話の場所と時間、内容、内容一致を問うものが多く出題される。以下はこれまでに出て来た既出の質問例をまとめたものである。類似のものが繰り返し出題されるので参考にしてもらいたい。

【既出の質問例】

● 頻出する質問

【質問】 対話の内容と一致するものはどれですか。
【質問】 何についての会話ですか。
【質問】 いつ○○しますか。／○○はいつですか。
【質問】 どこで行われている会話ですか。／ここはどこですか。
【質問】 男性はこの後何をするでしょうか。
【質問】 男性は女性の話を聞いてどうするでしょうか。

● これまでに出て来た質問

【質問】 女性はどこに行きましたか。
【質問】 男性について当てはまるのは何番ですか。
【質問】 男性は何をしましたか。
【質問】 誰と誰の会話ですか。
【質問】 女性は先週の土曜日に何をしましたか。
【質問】 薬はいつ飲みますか。
【質問】 女性は明日何をするでしょうか。
【質問】 女性は、男性に何を聞きましたか。
【質問】 男の人はいくら払えばいいですか。
【質問】 女性はいつソウルに出発しますか。
【質問】 女性はなぜ最近サッカーをあまり見ないのですか。
【質問】 女性はなぜその場所から動けないでいたのですか。
【質問】 何が難しいと言っていますか。
【質問】 今日の仕事はどうですか。
【質問】 女性はどうしてアルバイトをやめましたか。
【質問】 女性はいつチェジュ島に出発する予定ですか。

例題 対話文を2回読みます。引き続き選択肢も2回ずつ読みます。【質問】に対する
答えとして適切なものを①〜④の中から1つ選んでください。 〈2点×3問〉

【放送】
1) 男：유미 씨, 어디 아파요?

　女：아니요. 요즘 밤에 잠을 잘 못 자서요.

　男：왜요? 무슨 걱정이 있어요?

　女：다음 주에 시험이 있거든요. 그래서 좀 바빠요.

【質問】女性はどうして寝られないのですか。

　① 여러 가지 걱정이 많아서

　② 시험 때문에 걱정이 돼서

　③ 학교에서 머리가 아픈 일이 있어서

　④ 시험 준비로 바빠서

【放送】
2) 女：손님, 이 검은색 바지는 어떠세요?

　男：다른 색은 없어요? 나는 밝은 색을 좋아하거든요.

　女：그럼, 이 흰색 바지는 어떠세요?

　男：그거 좋네요. 입어 봐도 돼요?

　女：네, 그럼 이쪽으로 오세요.

【質問】男性はこの後何をするでしょうか。

　① 여자에게 바지를 사 줄 겁니다.

　② 흰색 바지를 입어 볼 겁니다.

　③ 밝은 색 옷을 선물할 겁니다.

　④ 검은색 바지를 살 겁니다.

【放送】
3) 女：이번 서울 여행은 어땠어요?

　男：날씨도 좋고 꽃도 피어서 아주 좋았어요.

　　맛있는 것도 많이 먹었어요.

　女：사진은 많이 찍었어요? 여행에서 찍은 사진 좀 보여 주세요.

　男：이번엔 전부 카메라로 찍었어요. 다음 주에 가지고 올게요.

正解 1）④　　2）②　　3）③

解説 1）男：ユミさん、どこか具合が悪いですか。

女：いいえ。最近夜に十分寝ていないので。

男：どうしたんですか。何か心配事でもありますか。

女：来週試験があるんですよ。それでちょっと忙しいです。

【質問】女性はどうして寝られないのですか。

① いろいろ心配事が多いので

② 試験のことで心配になって

③ 学校で頭の痛いことがあるので

④ 試験の準備で忙しくて

2）女：お客さま、この黒のズボンはいかがですか。

男：他の色はありませんか。私は明るい色が好きなんです。

女：それでは、この白のズボンはいかがですか。

男：それはいいですね。はいてみてもいいですか。

女：はい、では、こちらにどうぞ。

【質問】男性はこの後何をするでしょうか。

① 女性にズボンを買ってあげるつもりです。

② 白のズボンをはいてみるつもりです。

③ 明るい色の服をプレゼントするつもりです。

④ 黒のズボンを買うつもりです。

3）女：今回のソウル旅行はどうでしたか。

男：天気もよく、花も咲いていてとてもよかったです。

　　美味しいものもたくさん食べました。

女：写真はたくさん撮りましたか。旅行で撮った写真をちょっと見せてください。

男：今回は全部カメラで撮りました。来週持って来ます。

【質問】対話の内容と一致するものはどれですか。

① 男性は女性からカメラを借りました。

② 女性は旅行に行って写真をたくさん撮りました。

③ 男性は来週写真を見せてあげるつもりです。

④ 女性は花と動物を撮影するのが好きです。

第5章 聞き取り

1 イラスト問題

※ 質問文と選択肢を2回ずつ読みます。絵を見て、【質問】に対する答えとして
　適切なものを①～④の中から1つ選んでください。

1）【質問】

①
②
③
④

➡ 問題類型の解説は117ページへ

2)【質問】..

☑

　①　---

　②　---

　③　---

　④　---

3)【質問】..

☑

➡　【正答】は154ページ、【台本】は186ページ、【解説】は229ページへ

第5章
聞き取り

3～4

1 イラスト問題

① --

② --

③ --

④ --

4）【質問】 --

① --

② --

③ --

④ --

➡ 【正答】は154ページ、【台本】は186ページへ

5)【質問】

①
②
③
④

6)【質問】

➡ 【解説】は229ページへ

1 イラスト問題

① _____

② _____

③ _____

④ _____

7)【質問】_____

① _____

② _____

③ _____

④ _____

➡ 【正答】は154ページ、【台本】は186ページへ

7

8）【質問】..
☑

① ....

② ....

③ ....

④ ....

9）【質問】..
☑

➡ 【解説】は229ページへ

1 イラスト問題

① ---

② ---

③ ---

④ ---

10)【質問】 --

☑

① ---

② ---

③ ---

④ ---

➡ 【正答】は154ページ、【台本】は187ページへ

11）【質問】

□

①
②
③
④

➡ 【解説】は229、230ページへ

2 単語説明問題

※ 短い文と選択肢を2回ずつ読みます。文の内容に合うものを①〜④の中から
1つ選んでください。

1) —

☑　①　　　　　　②　　　　　　③　　　　　　④

2) —

☑　①　　　　　　②　　　　　　③　　　　　　④

3) —

☑　①　　　　　　②　　　　　　③　　　　　　④

4) —

☑　①　　　　　　②　　　　　　③　　　　　　④

5) —

☑　①　　　　　　②　　　　　　③　　　　　　④

6) —

☑　①　　　　　　②　　　　　　③　　　　　　④

7) —

☑　①　　　　　　②　　　　　　③　　　　　　④

➡ 問題類型の解説は119ページへ

8) ──────────────────────────────────────
☑ ① ──────── ② ──────── ③ ──────── ④ ────────

9) ──────────────────────────────────────
☑ ① ──────── ② ──────── ③ ──────── ④ ────────

10) ─────────────────────────────────────
☑ ① ──────── ② ──────── ③ ──────── ④ ────────

11) ─────────────────────────────────────
☑ ① ──────── ② ──────── ③ ──────── ④ ────────

12) ─────────────────────────────────────
☑ ① ──────── ② ──────── ③ ──────── ④ ────────

13) ─────────────────────────────────────
☑ ① ──────── ② ──────── ③ ──────── ④ ────────

14) ─────────────────────────────────────
☑ ① ──────── ② ──────── ③ ──────── ④ ────────

15) ─────────────────────────────────────
☑ ① ──────── ② ──────── ③ ──────── ④ ────────

➡ 【正答】は154ページ、【台本】は187ページ、【解説】は230ページへ

2 単語説明問題

16) —　．．

☑　① ．．．．．．．．．．．．．．．　② ．．．．．．．．．．．．．．．　③ ．．．．．．．．．．．．．．．　④ ．．．．．．．．．．．．．．．

17) —　．．

☑　① ．．．．．．．．．．．．．．．　② ．．．．．．．．．．．．．．．　③ ．．．．．．．．．．．．．．．　④ ．．．．．．．．．．．．．．．

18) —　．．

☑　① ．．．．．．．．．．．．．．．　② ．．．．．．．．．．．．．．．　③ ．．．．．．．．．．．．．．．　④ ．．．．．．．．．．．．．．．

19) —　．．

☑　① ．．．．．．．．．．．．．．．　② ．．．．．．．．．．．．．．．　③ ．．．．．．．．．．．．．．．　④ ．．．．．．．．．．．．．．．

20) —　．．

☑　① ．．．．．．．．．．．．．．．　② ．．．．．．．．．．．．．．．　③ ．．．．．．．．．．．．．．．　④ ．．．．．．．．．．．．．．．

21) —　．．

☑　① ．．．．．．．．．．．．．．．　② ．．．．．．．．．．．．．．．　③ ．．．．．．．．．．．．．．．　④ ．．．．．．．．．．．．．．．

22) —　．．

☑　① ．．．．．．．．．．．．．．．　② ．．．．．．．．．．．．．．．　③ ．．．．．．．．．．．．．．．　④ ．．．．．．．．．．．．．．．

23) —　．．

☑　① ．．．．．．．．．．．．．．．　② ．．．．．．．．．．．．．．．　③ ．．．．．．．．．．．．．．．　④ ．．．．．．．．．．．．．．．

➡ 【正答】は154ページ、【台本】は188ページへ

24) —
☑　①　　　　②　　　　③　　　　④

25) —
☑　①　　　　②　　　　③　　　　④

26) —
☑　①　　　　②　　　　③　　　　④

27) —
☑　①　　　　②　　　　③　　　　④

28) —
☑　①　　　　②　　　　③　　　　④

29) —
☑　①　　　　②　　　　③　　　　④

30) —
☑　①　　　　②　　　　③　　　　④

31) —
☑　①　　　　②　　　　③　　　　④

➡　【解説】は231ページへ

3 応答文選択問題

※ 問いかけなどの文を2回読みます。その応答文として適切なものを①〜④の中から1つ選んでください。

1) ─────────────────────────────────────

☑ ① 아뇨, 아직 도착하지 않았어요.

② 네, 이번엔 무척 힘들었어요.

③ 아뇨, 조금 더 하면 끝나요.

④ 글쎄요. 나도 모르겠어요.

2) ─────────────────────────────────────

☑ ① 그럼요. 외국어는 진짜 힘들어요.

② 무슨 말씀을요. 아직 멀었어요.

③ 미안해요. 발음을 잘못했어요.

④ 그러니까 늘 외워야 돼요.

3) ─────────────────────────────────────

☑ ① 아직 수업이 안 끝났을 거예요.

② 길이 좁아서 자전거는 안 돼요.

③ 지하철이 버스보다 더 빨라요.

④ 저기 편의점에서 왼쪽 길로 가세요.

➡ 問題類型の解説は121ページへ

4) — ....

☑　① 아뇨, 아직도 목이 좀 아파요.
　　② 네, 다리는 다 나았어요.
　　③ 아뇨, 허리가 아파서 못 앉아요.
　　④ 네, 배는 이제 괜찮아요.

5) — ....

☑　① 네, 이틀 전부터 연습을 했거든요.
　　② 아뇨, 동생이 와서 도와줬어요.
　　③ 제가 방법을 가르쳐 드릴게요.
　　④ 이건 그렇게 어려운 문제가 아니에요.

6) — ....

☑　① 북쪽으로 가면 입구가 보여요.
　　② 멀지 않으니까 걸어가세요.
　　③ 오른쪽에 걸려 있어요.
　　④ 저쪽에 보이는 문이에요.

7) — ....

☑　① 글쎄요. 바빠서 요일도 모르겠어요.
　　② 일요일에도 놀러 가는 사람이 많아요.
　　③ 우리 회사는 수요일이 쉬는 날이에요.
　　④ 그래요? 내가 달력을 안 보고 나왔네요.

➡ 【正答】は154ページ、【台本】は189ページ、【解説】は232ページへ

3 応答文選択問題

8) ─ ....

☑ ① 미안해요. 볼 시간이 없었어요.
  ② 식사를 먼저 하고 보는 게 좋아요.
  ③ 벌써 그걸 봤어요?
  ④ 좋죠. 뭐 좋은 게 있어요?

9) ─ ....

☑ ① 글쎄요, 나도 잘 모르겠어요.
  ② 맞아요. 그렇게 발음하면 돼요.
  ③ 그건 정말 어려운 글자예요.
  ④ 사전에 다 나와 있어요.

10) ─ ....

☑ ① 나도 같은 걸로 주세요.
  ② 우산을 사는 게 좋겠어요.
  ③ 난 매운 걸 먹고 싶어요.
  ④ 축구를 하러 갑시다.

11) ─ ....

☑ ① 네, 다리가 아파서 멀리는 못 가요.
  ② 아뇨, 어젯밤에 잠을 안 자서 그래요.
  ③ 네, 약을 먹어도 잘 안 나아요.
  ④ 아뇨, 일이 바빠서 병원에 못 갔어요.

➡ 【正答】は154ページ、【台本】は190ページへ

12) ──

☑ ① 아뇨, 아직 여자 친구가 없거든요.
② 네, 내년에는 아무 문제도 없어요.
③ 아뇨, 내년에는 바빠서 안 돼요.
④ 네, 다음 달 31일에 할 거예요.

13) ──

☑ ① 좋은 약이 거의 없네요.
② 네, 이젠 다 나았어요.
③ 다리는 이제 건강해요.
④ 네, 늘 아프니까 괜찮아요.

14) ──

☑ ① 난 주말엔 집에서 쉬고 싶어요.
② 그렇게 해요. 보여 줄게요.
③ 그날은 집에 있으니까 놀러 오세요.
④ 좋네요. 나도 가서 보고 올게요.

15) ──

☑ ① 그럼 다른 걸 보여 드릴까요?
② 정말 이걸로 괜찮겠어요?
③ 그럼 이걸로 하시겠어요?
④ 정말 나도 마음이 가볍네요.

➡ 【解説】は232ページへ

4 文の内容一致問題

※ 文章もしくは対話文を2回読みます。その内容と一致するものを①～④の
中から1つ選んでください。

1) — ....
....

☑　① 辛い物は得意ではありません。
　　② 韓国料理を作るのが得意です。
　　③ 料理を習うために料理教室に通っています。
　　④ 去年から韓国料理を習っています。

2) — ....
....

☑　① インターネットの地図は紙の地図より詳しいです。
　　② 紙の地図は道順が一目でわかります。
　　③ インターネットの地図は買い物に便利です。
　　④ インターネットで店への経路が検索できます。

3) — ....
....

☑　① 会社に歩いて行けるところに住みたいです。
　　② 以前は会社から遠いところに住んでいました。
　　③ 毎日1時間以上歩いています。
　　④ できるだけ毎日歩くようにしています。

➡ 問題類型の解説は123ページへ

4) ― ....

....

☑ ① 今ソウルで暮らしています。

② 友だちは来週から夏休みです。

③ ソウルで友だちと美味しいものを食べました。

④ 休みを利用して時々ソウルに行きます。

5) ― ....

....

☑ ① 大学時代の友だちとよく酒を飲みます。

② 今朝、寝坊をして会社に遅刻しました。

③ 昨日は大学時代の友だちと会いました。

④ お酒を飲んだときは朝食を食べません。

6) ― ....

....

☑ ① 英語で話すのは得意ではありません。

② 留学する前に大学を卒業しています。

③ 大学を卒業する前に留学したことがあります。

④ 将来はアメリカで暮らすつもりです。

7) ― ....

....

➡ 【正答】は154ページ、【台本】は191ページ、【解説】は233、234ページへ

第5章 聞き取り

4 文の内容一致問題

☑ 　① 私には兄と弟がいます。
　　② 私には別に暮らす兄が1人います。
　　③ 兄は結婚して実家の近くに住んでいます。
　　④ 私は親と一緒に住んでいます。

8) ―
　

☑ 　① 友だちと二人でソウルに行ったことがあります。
　　② 1年に1回は友だちに会いにソウルに行きます。
　　③ 大学時代にソウルで韓国語を学んだことがあります。
　　④ 毎年大学の夏期講座がソウルで開かれます。

9) ―
　

☑ 　① 友だちは切手を集めることが趣味です。
　　② 友だちと郵便局によく行きます。
　　③ 外国の切手は友だちに買ってもらいます。
　　④ 同じ趣味の友だちと外国によく行きます。

10) ―
　

☑ 　① 他のものを探そうとしています。
　　② 着てみるように勧められています。
　　③ この服の色は1種類しかありません。
　　④ 勧められた色は気に入りませんでした。

➡ 【正答】は154ページ、【台本】は191ページへ

11)―女：_____
　　　男：_____
　　　女：_____

☑　　① 二人は健康のために毎朝走っています。
　　　② 男性は会社まで走ってきます。
　　　③ 女性は朝運動する時間がありません。
　　　④ 男性は毎朝運動をしています。

12)―女：_____
　　　男：_____
　　　女：_____

☑　　① 男性はこれからパンを食べます。
　　　② 女性はこれから料理をします。
　　　③ 男性はおなかが空いていません。
　　　④ 女性は男性にパンを勧めています。

13)―男：_____
　　　女：_____
　　　男：_____

☑　　① 二人は留学について話しています。
　　　② 女性は2つの外国語が話せます。
　　　③ 男性は外国に行ったことがありません。
　　　④ 女性は10年間外国に住んだことがあります。

➡　【解説】は234ページへ

🔊22

4 文の内容一致問題

14)──男：...
　　　女：...
　　　男：...

☑ 　① 二人は一緒に試験勉強をしています。
　　② 女性は答えを半分しか書けませんでした。
　　③ 男性は試験の成績がよかったです。
　　④ 二人は漢字テストの話をしています。

15)──女：...
　　　男：...
　　　女：...
　　　男：...
　　　女：...

☑ 　① 女性は男性の仕事を手伝うつもりです。
　　② 男性は休む暇がないほど忙しいです。
　　③ 男性は徹夜で仕事をすることがあります。
　　④ 二人は同じ会社に勤めています。

16)──女：...
　　　男：...
　　　女：...
　　　男：...
　　　女：...

☑ 　① 男性は書店に行く途中です。
　　② 女性はいま宿題が終わりました。
　　③ 二人とも図書館に向かっています。
　　④ 二人は同じ学校の教員です。

➡ 【正答】は154ページ、【台本】は192ページへ

17）—女：..
　　　男：..
　　　女：..
　　　男：..
　　　女：..

☑　　① 男性は黒の靴を履いてみました。
　　　② 二人は靴を買いに店に来ています。
　　　③ 男性は黒いズボンに合う靴を探しています。
　　　④ 女性は最初黒でない靴を勧めました。

18）—女：..
　　　男：..
　　　女：..
　　　男：..
　　　女：..

☑　　① 女性はいろいろなスポーツを見るのが好きです。
　　　② 男性は毎週バスケットボールを見に行きます。
　　　③ 女性はバレーボールをやったことがあります。
　　　④ 二人は一緒に運動をしたことがあります。

➡ 【解説】は234ページへ

◀音声はこちら

🔊24

5 対話文の内容理解問題

※ 対話文を2回読みます。引き続き選択肢も2回ずつ読みます。【質問】に
　対する答えとして適切なものを①〜④の中から1つ選んでください。

1) ──女：..

☑　　　男：..

　　　　女：..

　　　　男：..

　　　　女：..

【質問】女性はなぜ電話をしましたか。

①..

②..

③..

④..

2) ──男：..

☑　　　女：..

　　　　男：..

　　　　女：..

　　　　男：..

【質問】二人はこの後何をするでしょうか。

①..

②..

③..

④..

➡ 問題類型の解説は125ページへ

3）─女：_____
　☑　男：_____
　　　女：_____
　　　男：_____
　　　女：_____

【質問】対話の内容と一致するものはどれですか。

　　　①_____
　　　②_____
　　　③_____
　　　④_____

4）─女：_____
　☑　男：_____
　　　女：_____
　　　男：_____
　　　女：_____

【質問】男性が韓国に来た理由は何ですか。

　　　①_____
　　　②_____
　　　③_____
　　　④_____

5）─女：_____
　☑　男：_____
　　　女：_____

➡　【正答】は154ページ、【台本】は192ページ、【解説】は235、236ページへ

5 対話文の内容理解問題

男：--
女：--

【質問】対話の内容と一致するものはどれですか。

① --
② --
③ --
④ --

6）──男：--
☑　女：--
　　男：--
　　女：--
　　男：--
　　女：--

【質問】対話の内容と一致するものはどれですか。

① --
② --
③ --
④ --

7）──男：--
☑　女：--
　　男：--
　　女：--
　　男：--

➡ 【正答】は154ページ、【台本】は193ページへ

【質問】女性はなぜ休みの時に外出しなかったのですか。

① _____
② _____
③ _____
④ _____

8）— 女： _____
☑ 男： _____
　　女： _____
　　男： _____
　　女： _____

【質問】対話の内容と一致するものはどれですか。

① _____
② _____
③ _____
④ _____

9）— 女： _____
☑ 男： _____
　　女： _____
　　男： _____
　　女： _____

【質問】女性はいくら払えばいいですか。

① _____　② _____
③ _____　④ _____

➡ 【解説】は236ページへ

第5章　聞き取り

153

1 イラスト問題 / 2 単語説明問題　正答

➡ イラスト問題は128ページ、台本は186ページ、解説は229ページへ、
単語説明問題は136ページ、台本は187ページ、解説は230ページへ

① イラスト問題		② 単語説明問題					
問題	正答	問題	正答	問題	正答	問題	正答
1	④	1	④	12	④	23	④
2	②	2	②	13	②	24	③
3	③	3	③	14	③	25	①
4	①	4	①	15	①	26	④
5	④	5	②	16	④	27	③
6	①	6	③	17	②	28	②
7	③	7	①	18	③	29	①
8	④	8	④	19	④	30	②
9	②	9	②	20	①	31	④
10	③	10	①	21	③		
11	④	11	③	22	②		

3 応答文選択問題 / 4 文の内容一致問題 / 5 対話文の内容理解問題　正答

➡ 応答文選択問題は140ページ、台本は189ページ、解説は232ページへ、
文の内容一致問題は144ページ、台本は191ページ、解説は233ページへ、
対話文の内容理解問題は150ページ、台本は192ページ、解説は235ページへ

③ 応答文選択問題				④ 文の内容一致問題				⑤ 対話文の内容理解問題	
問題	正答	問題	正答	問題	正答	問題	正答	問題	正答
1	③	10	③	1	④	10	②	1	③
2	②	11	②	2	④	11	④	2	④
3	④	12	④	3	②	12	③	3	②
4	①	13	②	4	①	13	②	4	②
5	②	14	①	5	③	14	④	5	①
6	④	15	③	6	②	15	②	6	③
7	③			7	④	16	③	7	④
8	④			8	③	17	④	8	④
9	①			9	①	18	①	9	①

※ 全問正解になるまで繰り返し練習をしてください。

第6章

模擬試験

ハングル能力検定試験 4 級					
時限	科目	問題数	形式	時間	配点
10：30 ～ 12：00	聞き取り	20 問	4択マークシート式	30 分	40 点
	筆記	40 問	4択マークシート式	60 分	60 点

※合格ライン：聞き取り40点、筆記60点の100点満点中60点以上で合格。
　試験時間は90分。科目の間の途中休憩なし。

第1回 模擬試験 聞き取り問題 /40 点

➡ 正答は182ページ、台本は195ページ、解説は238ページへ

◀音声はこちら
🔊28

1 質問文と選択肢を2回ずつ読みます。絵を見て、【質問】に対する答えとして
適切なものを①〜④の中から1つ選んでください。　　〈2点 × 3問〉

1)【質問】.. 1

① ---
② ---
③ ---
④ ---

2）【質問】 ⋯⋯⋯⋯⋯⋯⋯⋯⋯⋯⋯⋯⋯⋯⋯⋯⋯⋯⋯⋯⋯⋯⋯⋯⋯⋯⋯⋯⋯ 2

① ⋯⋯

② ⋯⋯

③ ⋯⋯

④ ⋯⋯

3）【質問】 ⋯⋯⋯⋯⋯⋯⋯⋯⋯⋯⋯⋯⋯⋯⋯⋯⋯⋯⋯⋯⋯⋯⋯⋯⋯⋯⋯⋯⋯ 3

① ---

② ---

③ ---

④ ---

◁》)29

2 短い文と選択肢を2回ずつ読みます。文の内容に合うものを①～④の中から
1つ選んでください。 〈2点 × 4問〉

1) --- ☐ 4

　　① -------------　　② -------------　　③ -------------　　④ -------------

2) --- ☐ 5

　　① -------------　　② -------------　　③ -------------　　④ -------------

3) --- ☐ 6

　　① -------------　　② -------------　　③ -------------　　④ -------------

4) --- ☐ 7

　　① -------------　　② -------------　　③ -------------　　④ -------------

◁》)30

3 問いかけなどの文を2回読みます。その応答文として適切なものを①～④の中
から1つ選んでください。 〈2点 × 5問〉

1) --- ☐ 8

① 네, 결혼해서 살 집도 준비했어요.
② 아뇨, 외국에는 한 번도 간 적이 없어요.
③ 네, 이제 출발할 날만 기다리고 있어요.
④ 유학 와서 벌써 한 달이 지났네요.

2) --- 9

① 많이 틀려서 죄송해요.
② 그럼 내일 또 봐요.
③ 잘 부탁드리겠어요.
④ 무슨 말씀을요.

3) --- 10

① 한국어보다 발음이 쉬워요.
② 아직 일본어를 잘 못해요.
③ 한자를 읽고 쓰는 거예요.
④ 나도 그런 말을 들은 적이 있어요.

4) --- 11

① 요즘은 매일 매운 것만 먹었어요.
② 난 도시락을 가지고 왔어요.
③ 거기는 반찬이 정말 맛있어요.
④ 이렇게 더운 날에는 냉면이 좋아요.

5) --- 12

① 그럼 오후 두 시에 다시 오세요.
② 그럼 저한테 전화번호를 가르쳐 주세요.
③ 지금 자리에 안 계세요. 누구시죠?
④ 소리가 잘 들리니까 말씀하세요.

🔊31

4 文章もしくは対話文を2回読みます。その内容と一致するものを①〜④の中から1つ選んでください。

〈2点 × 5問〉

1) 13

-----

① 大学を卒業するまで食堂でアルバイトをしました。
② 大学1年の時から自分で稼いで学費を払っています。
③ アルバイトを通じて学んだことが多くあります。
④ 大学に入ってからすぐコンビニで働き始めました。

2) 14

-----

① 仕事が終わると公園で運動をします。
② 夕食を食べる前に風呂に入ります。
③ 夜は涼しいので走るのにいいです。
④ 運動をするとおなかが空きます。

3) 15

-----

① 腰を痛めて歩けません。
② 怪我をしてから2週間が経ちました。
③ 来週から運動を再開するつもりです。
④ まだ足の怪我が治っていません。

4) 16

男：-----

女：-----

男：-----

① 友だちは最初その話を信じてくれませんでした。

② 男性は女性からその話を聞いて驚きました。

③ 女性もすでにその話を知っていました。

④ 男性と女性の友だちは知り合いです。

5 ） 17

女：..

男：..

女：..

男：..

女：..

① 二人は日本語を勉強している外国人です。

② 二人は学校で漢字を勉強しています。

③ 男性は漢字の読み方に慣れています。

④ 女性は漢字の読み方に悩んでいます。

🔊32

5 対話文を2回読みます。引き続き選択肢も2回ずつ読みます。【質問】に
対する答えとして適切なものを①〜④の中から1つ選んでください。

〈2点 × 3問〉

1 ）

男：..

女：..

男：..

女：..

男：..

【質問】男性は週末に何をするでしょうか。 18

① ....

② ....

③ ....

④ ....

2）

女：_____

男：_____

女：_____

男：_____

女：_____

【質問】対話の内容と一致するものはどれですか。　　　　　19

① _____

② _____

③ _____

④ _____

3）

女：_____

男：_____

女：_____

男：_____

女：_____

【質問】対話の内容と一致するものはどれですか。　　　　　20

① _____

② _____

③ _____

④ _____

第1回 模擬試験 筆記問題

/60点

➡ 正答は183ページ、解説は241ページへ

1 発音どおり表記したものを①〜④の中から1つ選びなさい。 〈1点 × 4問〉

1) 짧고 　　　　　　　　　　　　　　　　　　　　　　　　　 1
　① [짭꼬]　　　② [짭코]　　　③ [짤꼬]　　　④ [짤코]

2) 옛날보다 　　　　　　　　　　　　　　　　　　　　　　　 2
　① [옌날보다]　② [옏날보다]　③ [옌랄보다]　④ [옘날뽀다]

3) 졸업하면 　　　　　　　　　　　　　　　　　　　　　　　 3
　① [조러바면]　② [조러파면]　③ [조러빠면]　④ [조립하면]

4) 코밑이 　　　　　　　　　　　　　　　　　　　　　　　　 4
　① [코미디]　　② [코미지]　　③ [코미티]　　④ [코미치]

2 次の日本語の意味を正しく表記したものを①〜④の中から1つ選びなさい。
〈1点 × 4問〉

1) 文化 　　　　　　　　　　　　　　　　　　　　　　　　　 5
　① 문하　　　　② 분하　　　　③ 문화　　　　④ 분화

2) 違います 　　　　　　　　　　　　　　　　　　　　　　　 6
　① 들려요　　　② 틀려요　　　③ 둘려요　　　④ 툴려요

3) 計画 　　　　　　　　　　　　　　　　　　　　　　　　　 7
　① 게왹　　　　② 계왹　　　　③ 게획　　　　④ 계획

4) 広いです 　　　　　　　　　　　　　　　　　　　　　　　 8
　① 넒어요　　　② 넓어요　　　③ 넓어요　　　④ 넑어요

3 次の日本語に当たるものを①～④の中から1つ選びなさい。 〈1点 × 5問〉

1) 鏡 9

① 건물 ② 비누 ③ 고향 ④ 거울

2) 昨年 10

① 올해 ② 지난해 ③ 모레 ④ 그저께

3) 似ている 11

① 바꾸다 ② 부르다 ③ 비슷하다 ④ 지내다

4) やっと 12

① 거의 ② 갑자기 ③ 아마 ④ 겨우

5) あらゆる 13

① 또는 ② 모든 ③ 저런 ④ 절대로

4 ( ) の中に入れるのに最も適切なものを①～④の中から1つ選びなさい。
〈2点 × 3問〉

1) 뒤에 가서 ( )을/를 지켜 주세요. 14

① 대답 ② 차례 ③ 이유 ④ 발표

2) 어젯밤에 배를 타는 꿈을 ( ). 15

① 보였어요 ② 깼어요 ③ 보았어요 ④ 꾸었어요

3) 이름을 쓴 뒤에 ( ) 도장을 찍으세요. 16

① 거의 ② 꼭 ③ 가장 ④ 전혀

5 ( ) の中に入れるのに最も適切なものを①～④の中から1つ選びなさい。
〈2点 × 3問〉

1) A: 내일 어디에서 만날까요?

B: 저녁 6시에 백화점 ( )에서 만납시다. 17

① 부엌 ② 입구 ③ 축구 ④ 건물

164

2）A: 담배 안 피워요?

　　B: 네, 건강에도 안 좋고 값도 올라서 (　　). 　　18

　　① 마쳤어요　　② 끝냈어요　　③ 잃었어요　　④ 끊었어요

3）A: 배 고프죠? 빨리 식사를 준비할게요.

　　B: 됐어요. (　　) 빵을 먹고 왔거든요. 　　19

　　① 어서　　　② 이제　　　③ 아까　　　④ 우선

6 文の意味を変えずに、下線部の言葉と置き換えが可能なものを①～④の中から 1つ選びなさい。　　　　　　　　　〈2点×2問〉

1）저 한국 영화에 나오는 말을 다 <u>이해했어요?</u> 　　20
　　① 들렸어요　　② 번역했어요　　③ 외웠어요　　④ 알아들었어요

2）이건 무슨 <u>뜻</u>이에요? 　　21
　　① 모양　　　② 의미　　　③ 이유　　　④ 영향

7 下線部の動詞、形容詞の辞書形（原形・基本形）として正しいものを①～④の 中から1つ選びなさい。　　　　　　　　〈1点×5問〉

1）겨우 감기가 다 <u>나았어요</u>. 　　22
　　① 나아다　　② 낫다　　　③ 나으다　　④ 낳다

2）시간이 <u>흘러도</u> 잊지 못하겠어요. 　　23
　　① 흘르으다　② 흘러다　　③ 흐르다　　④ 흘르다

3）가방이 <u>무거워서</u> 어깨가 아파요. 　　24
　　① 무거워다　② 무거웁다　③ 무거우다　④ 무겁다

4）해외 여행을 가려고 아르바이트를 해서 돈을 <u>모았어요</u>. 　　25
　　① 못다　　　② 모으다　　③ 모아다　　④ 모앗다

5）바람이 불어서 모자를 못 <u>써요</u>.　　　　　　　　26

　① 쓰다　　　　② 써다　　　　③ 썻다　　　　④ 쓰으다

8　（　　　）の中に入れるのに適切なものを①～④の中から1つ選びなさい。

〈2点×4問〉

1）이 요리는 할머니（　　）가르쳐 주셨어요.　　　　　27

　① 께　　　　　② 에게　　　　③ 께서　　　　④ 에게서

2）전화번호를（　　）연락도 못했어요.　　　　　　　28

　① 모르면　　　② 몰라도　　　③ 몰랐지만　　④ 몰라서

3）A: 내일 회의 준비는 다 했어요?　　　　　　　　　29

　B: 오전에는 일이 바빠서 조금（　　）못 했어요.

　　지금 하고 있는 중이에요.

　① 이라서　　　② 이라도　　　③ 밖에　　　　④ 까지

4）A: 밥 먹고 영화를 볼까요?　　　　　　　　　　　30

　B: 시간이 없으니까 영화를（　　）먹죠.

　① 본 뒤에　　　② 보지 말고　　③ 본 끝에　　④ 볼 때에

9　次の場面や状況において最も適切なあいさつやあいづちなどの言葉を①～④
　の中から1つ選びなさい。
〈1点×2問〉

1）知り合いの子供が結婚するとき。　　　　　　　　　31

　① 처음 뵙겠습니다.　　　　　② 감사드립니다.

　③ 반갑습니다.　　　　　　　　④ 축하드립니다.

2）娘が学校に行く際に母親にあいさつするとき。　　　32

　① 수고하세요.　　　　　　　　② 다녀오겠습니다.

　③ 다녀오세요.　　　　　　　　④ 안녕히 계세요.

10　対話文を完成させるのに最も適切なものを①～④の中から1つ選びなさい。
〈2点×4問〉

1）A: 역에서 출발할 때 연락 주세요. [33]

   B: (   ).

   A: 그럼 거기서 기다릴게요.

   ① 기다리지 마세요   ② 잊으면 안 돼요

   ③ 내가 전화했어요   ④ 그렇게 할게요

2）A: 발표 순서를 바꿔도 될까요? [34]

   B: (   ). 언제가 좋아요?

   A: 다음 주 월요일로 해 주면 좋겠어요.

   ① 네, 괜찮아요   ② 이번 주는 괜찮아요

   ③ 모레는 안 될 거예요   ④ 아뇨, 못 바꿔요

3）A: 이 영어 단어는 무슨 뜻이에요? [35]

   B: 나도 모르겠어요. (   )?

   A: 네, 집에 놓고 왔거든요.

   ① 이거 누가 쓴 거예요   ② 이 단어 처음 봤어요

   ③ 사전 안 가지고 왔어요   ④ 글자가 왜 이렇게 작아요

4）A: 도서관에서 잃어버린 가방을 찾으러 왔어요. [36]

   B: (   )?

   A: 색깔은 검은색이고 사전처럼 작은 거예요.

   ① 언제 잃어버렸어요   ② 어떻게 생긴 거죠

   ③ 누가 잃어버렸어요   ④ 어떻게 여기를 알았어요

[11] 文章を読んで、問いに答えなさい。 〈2点×2問〉

   집 근처에 큰 편의점이 생겼습니다. 이 편의점은 2 4시간 문을 열고 물건도 쌉니다. 그리고 (   ) 아이가 있는 사람들도 쇼핑하는 것이 편리합니다. 인터넷으로 물건을 부탁하면 집으로 보내 주기 때문에 일이 바쁜 사람들도 많이 이용합니다.

【問1】（   ）に入れるのに適切なものを①〜④の中から1つ選びなさい。

[37]

① 시간이 없는 사람들에게도

② 아이들이 많이 모이기 때문에

③ 늦은 시간에 집에 와도

④ 아이들이 노는 곳도 있어서

【問2】本文の内容と一致するものを①～④の中から1つ選びなさい。　38

① 편의점은 밤 열두 시에 문을 닫습니다.

② 편의점에 안 가도 물건을 사는 방법이 있습니다.

③ 편의점은 언제나 손님이 많이 옵니다.

④ 일이 바쁠 때는 편의점을 이용하면 됩니다.

12 対話文を読んで、問いに答えなさい。　　〈2点 × 2問〉

수미: 이번 여름 방학에 뭘 할 거예요?

미연: 아직 아무 계획도 없어요.

수미: 그럼 같이 해외 여행이라도 가지 않겠어요?

미연: 좋지요. 어디로 갈 생각이에요?

수미: (　　　　). 어디가 좋을까요?

미연: 우리는 돈이 없으니까 가까운 데가 좋지 않아요?

【問1】(　　)に入れるのに適切なものを①～④の中から1つ選びなさい。

　39

① 추운 나라는 싫어요　　　　② 아직 안 정했어요

③ 음식이 맛있는 곳이 좋아요　　④ 어디라도 괜찮아요

【問2】本文の内容と一致するものを①～④の中から1つ選びなさい。

　40

① 수미는 방학에 자주 해외 여행을 다닙니다.

② 미연은 해외 여행을 하는 것이 처음입니다.

③ 두 사람은 여행을 떠나는 날을 정하려고 합니다.

④ 두 사람은 여행 갈 곳을 아직 정하지 못했습니다.

<na>→ 正答は182ページ、台本は198ページ、解説は245ページへ

◀音声はこちら
🔊33

1 質問文と選択肢を2回ずつ読みます。絵を見て、【質問】に対する答えとして
　　適切なものを①～④の中から1つ選んでください。 〈2点×3問〉

1)【質問】 ⋯⋯⋯⋯⋯⋯⋯⋯⋯⋯⋯⋯⋯⋯⋯⋯⋯⋯⋯⋯⋯⋯⋯⋯⋯⋯⋯ 1

① ⋯⋯⋯⋯⋯⋯⋯⋯⋯⋯⋯⋯⋯⋯⋯⋯⋯⋯⋯⋯⋯⋯⋯⋯⋯⋯⋯⋯⋯⋯⋯⋯⋯

② ⋯⋯⋯⋯⋯⋯⋯⋯⋯⋯⋯⋯⋯⋯⋯⋯⋯⋯⋯⋯⋯⋯⋯⋯⋯⋯⋯⋯⋯⋯⋯⋯⋯

③ ⋯⋯⋯⋯⋯⋯⋯⋯⋯⋯⋯⋯⋯⋯⋯⋯⋯⋯⋯⋯⋯⋯⋯⋯⋯⋯⋯⋯⋯⋯⋯⋯⋯

④ ⋯⋯⋯⋯⋯⋯⋯⋯⋯⋯⋯⋯⋯⋯⋯⋯⋯⋯⋯⋯⋯⋯⋯⋯⋯⋯⋯⋯⋯⋯⋯⋯⋯

2)【質問】 ─────────────────────────────────────── 2

① ───

② ───

③ ───

④ ───

3)【質問】 ─────────────────────────────────────── 3

① _____

② _____

③ _____

④ _____

🔊34

2 短い文と選択肢を2回ずつ読みます。文の内容に合うものを①〜④の中から
1つ選んでください。　　　　　　　　　　　　　　　　　〈2点×4問〉

1) _____ 　4

　　① ------------　② ------------　③ ------------　④ ------------

2) _____ 　5

　　① ------------　② ------------　③ ------------　④ ------------

3) _____ 　6

　　① ------------　② ------------　③ ------------　④ ------------

4) _____ 　7

　　① ------------　② ------------　③ ------------　④ ------------

🔊35

3 問いかけなどの文を2回読みます。その応答文として適切なものを①〜④の中から
1つ選んでください。　　　　　　　　　　　　　　　　　〈2点×5問〉

1) _____ 　8

① 올해는 아무 계획이 없어요.
② 그건 오늘 저녁에 먹을 거예요.
③ 난 그저께 다 만들었어요.
④ 내년 봄까지 끝내면 돼요.

2) -- 9

① 네, 다음 주에 결혼을 하거든요.
② 아뇨, 시계를 잃어버려서 다시 샀어요.
③ 네, 친구가 유학을 가 버렸어요.
④ 아뇨, 요즘은 콘서트에도 못 가요.

3) -- 10

① 왼쪽 길로 가면 백화점이 나와요.
② 거기서 버스를 타면 돼요.
③ 3번 출구로 나가서 오른쪽 길로 가세요.
④ 지하철역이 가까우니까 편해요.

4) -- 11

① 팔십이 넘어도 매일 운동을 하세요.
② 아뇨, 그런데 참 젊어 보이시네요.
③ 나는 그런 말은 전혀 못 들었어요.
④ 네, 일만 하면 건강에 안 좋을 거예요.

5) -- 12

① 배도 많이 나왔어요.
② 어제까지 다 마쳤어요.
③ 냄새가 조금 나요.
④ 이제는 괜찮아요.

4 文章もしくは対話文を2回読みます。その内容と一致するものを①〜④の中から1つ選んでください。　　　　　　　　　　　〈2点×5問〉

1)　　　　　　　　　　　　　　　　　　　　　　　　　　　　13

----

　① 薬を飲んで寝るつもりです。

　② 鼻水は出ますが、咳は出ません。

　③ 熱はないですが、頭が痛いです。

　④ まだ風邪薬を飲んでいません。

2)　　　　　　　　　　　　　　　　　　　　　　　　　　　　14

----

　① おかずを少し甘く作ってしまいました。

　② おかずに砂糖を入れるのを忘れてしまいました。

　③ おかずを少ししょっぱく作ってしまいました。

　④ おかずに塩を入れるのを忘れてしまいました。

3)　　　　　　　　　　　　　　　　　　　　　　　　　　　　15

----

　① アルバイトを始めたのは1年前からです。

　② 大学在学中に留学するつもりです。

　③ 1年間外国で勉強したことがあります。

　④ 大学を卒業したら留学するつもりです。

4)　　　　　　　　　　　　　　　　　　　　　　　　　　　　16

女：--

男：--

女：--

① 男性の娘は昨年中学を卒業しました。

② 女性の子供は男の子です。

③ 二人の子供は学年が同じです。

④ 二人の子供は知り合いです。

5）   17

男：_____

女：_____

男：_____

女：_____

男：_____

① 二人は2年ぶりに会いました。

② 二人はコーヒーを飲んでいます。

③ 男性は女性と6年前に知り合いました。

④ 二人は偶然コーヒーショップで会いました。

🔊37

5 対話文を2回読みます。引き続き選択肢も2回ずつ読みます。【質問】に
対する答えとして適切なものを①〜④の中から1つ選んでください。

〈2点 × 3問〉

1）

女：_____

男：_____

女：_____

男：_____

女：_____

【質問】女性の会社から駅まではどのくらいかかりますか。   18

① _____

② _____

③ ....

④ ....

2）

男：...

女：...

男：...

女：...

男：...

【質問】対話の内容と一致するものはどれですか。　　　　　　　　19

① ....

② ....

③ ....

④ ....

3）

男：...

女：...

男：...

女：...

男：...

【質問】対話の内容と一致するものはどれですか。　　　　　　　　20

① ....

② ....

③ ....

④ ....

第2回 模擬試験 筆記問題

/60点

1 発音どおり表記したものを①～④の中から1つ選びなさい。 〈1点×4問〉

1）십칠 년 　　　　　　　　　　　　　　　　　　　　　　　 1
　　① [십찔련]　　② [십찐년]　　③ [십칠련]　　④ [십친년]

2）젊습니다 　　　　　　　　　　　　　　　　　　　　　　　 2
　　① [절씀니다]　　② [점씀니다]　　③ [절슴니다]　　④ [점슴니다]

3）입학하고 　　　　　　　　　　　　　　　　　　　　　　　 3
　　① [이바가고]　　② [이파가고]　　③ [이파까고]　　④ [이파카고]

4）여덟 장 　　　　　　　　　　　　　　　　　　　　　　　 4
　　① [여덜짱]　　② [여덥짱]　　③ [여덜창]　　④ [여덥창]

2 次の日本語の意味を正しく表記したものを①～④の中から1つ選びなさい。
〈1点×4問〉

1）スプーン 　　　　　　　　　　　　　　　　　　　　　　　 5
　　① 숫가락　　② 숟가락　　③ 수카락　　④ 수까락

2）明るいです 　　　　　　　　　　　　　　　　　　　　　　 6
　　① 밟아요　　② 밝아요　　③ 밫아요　　④ 밝아요

3）結果 　　　　　　　　　　　　　　　　　　　　　　　　　 7
　　① 결과　　② 결가　　③ 끌과　　④ 끌가

4）七十 　　　　　　　　　　　　　　　　　　　　　　　　　 8
　　① 일흔　　② 일운　　③ 일훈　　④ 일은

3 次の日本語に当たるものを①～④の中から1つ選びなさい。　　　　〈1点×5問〉

1) ハンコ　　　　　　　　　　　　　　　　　　　　　　　　9
　　① 동물　　　② 도시락　　　③ 도장　　　④ 독서

2) 四十　　　　　　　　　　　　　　　　　　　　　　　　10
　　① 마흔　　　② 아흔　　　③ 예순　　　④ 일흔

3) 似合う　　　　　　　　　　　　　　　　　　　　　　11
　　① 모자라다　　② 달라지다　　③ 의미하다　　④ 어울리다

4) 時々　　　　　　　　　　　　　　　　　　　　　　　12
　　① 잠깐　　　② 잠시　　　③ 가끔　　　④ 가장

5) 新しい　　　　　　　　　　　　　　　　　　　　　　13
　　① 늘　　　② 새　　　③ 모든　　　④ 참

4 （　　）の中に入れるのに最も適切なものを①～④の中から1つ選びなさい。
　　　　　　　　　　　　　　　　　　　　　　　　　　　　〈2点×3問〉

1) 이것과 저것의 （　　）을/를 모르겠어요.　　　　　　14
　　① 제목　　　② 지방　　　③ 인사　　　④ 차이

2) 목욕을 할 때는 안경을 （　　）.　　　　　　　　　15
　　① 남겨요　　② 맞춰요　　③ 벗어요　　④ 안 해요

3) 약속은 （　　） 지켜야 합니다.　　　　　　　　　16
　　① 벌써　　　② 아직　　　③ 매우　　　④ 반드시

5 （　　）の中に入れるのに最も適切なものを①～④の中から1つ選びなさい。
　　　　　　　　　　　　　　　　　　　　　　　　　　　　〈2点×3問〉

1) A: 요즘 안경을 써도 （　　）가/이 잘 안 보여요.

　　B: 그럼 안경점에 가서 눈에 맞는 안경으로 바꿔 보세요.　　17

　　① 검은색　　② 그림　　　③ 거울　　　④ 글자

2）A: 내일 발표 차례는 (　　)?

B: 글쎄요, 잘 모르겠어요.　　　　　　　　　　　　　18

① 계획됐어요　　② 결정됐어요　　③ 기억됐어요　　④ 번역됐어요

3）A: 이 운동은 어떻게 하는 거예요?

B: (　　) 음악에 맞춰서 몸을 움직이면 돼요.　　　　　19

① 그냥　　　　② 자꾸　　　　③ 자주　　　　④ 좀더

6 文の意味を変えずに、下線部の言葉と置き換えが可能なものを①～④の中から
1つ選びなさい。　　　　　　　　　　　　　　　　　　　〈2点 × 2問〉

1）오늘 일은 다 끝났어요.　　　　　　　　　　　　　　20
① 떨어졌어요　　② 자랐어요　　③ 남겼어요　　④ 마쳤어요

2）아들이 이틀 전에 대학을 졸업했어요.　　　　　　　　21
① 아직도　　　② 모레　　　　③ 그저께　　　④ 어제

7 下線部の動詞、形容詞の辞書形（原形・基本形）として正しいものを①～④の
中から1つ選びなさい。　　　　　　　　　　　　　　　　〈1点 ×5問〉

1）일어나는 시간에 맞춰서 밥을 지어 놓았어요.　　　　　22
① 짓다　　　　② 지다　　　　③ 지으다　　　④ 짖다

2）집에서 회사까지 걸어서 다녀요.　　　　　　　　　　23
① 걸다　　　　② 걸으다　　　　③ 걷다　　　　④ 것다

3）오늘 밤은 별이 아름다워요.　　　　　　　　　　　　24
① 아름다워다　　② 아름답다　　③ 아름다웁다　　④ 아름다우다

4）거기는 버스로 가는 게 가장 빨라요.　　　　　　　　25
① 빠리다　　　② 빨르다　　　③ 빨라다　　　④ 빠르다

5）짐이 무거워서 팔이 아파요.　　　　　　　　　　　　26
① 무거우다　　② 무겁다　　　③ 무거으다　　④ 무거웁다

8 （　　）の中に入れるのに適切なものを①〜④の中から1つ選びなさい。

〈2点 × 4問〉

1）물어보고 싶은 것이 있으면 언제（　　）연락 주세요.　　　　　27

① 라도　　　　　② 밖에　　　　　③ 한테　　　　　④ 처럼

2）내일부터 담배를 （　　）생각이에요.　　　　　28

① 끊는　　　　　② 끊은　　　　　③ 끊을　　　　　④ 끊으려고

3）A: 그거 어떻게 알았어요?

B: 부장님（　　）아까 설명해 주셨어요.　　　　　29

① 한테　　　　　② 에게서　　　　　③ 께　　　　　④ 께서

4）A: 집에 안 가요?

B: 네. 내일 아침에 회의가 （　　）. 그래서 준비해 놓고 가려고요.　　　　　30

① 있네요　　　② 있거든요　　　③ 있을게요　　　④ 있을 거예요

9 次の場面や状況において最も適切なあいさつやあいづちなどの言葉を①〜④の中から1つ選びなさい。

〈1点 × 2問〉

1）仕事を終えた人をねぎらうとき。　　　　　31

① 오래간만이에요.　　　　　② 잘 부탁드리겠어요.

③ 수고 많으셨어요.　　　　　④ 고마웠습니다.

2）お礼を言ってくれた人に謙遜して返事をするとき。　　　　　32

① 글쎄요.　　　　　② 뭘요.

③ 그렇지요.　　　　　④ 죄송합니다.

10 対話文を完成させるのに最も適切なものを①〜④の中から1つ選びなさい。

〈2点 × 4問〉

1）A: 우리 언니는 스물여덟 살이에요.

B: 나는 지난 주에 서른이 됐어요.

A: 그럼 우리 언니보다 （　　　　）.　　　　　33

① 나이가 많으시네요　　　　② 나이가 어리시네요

③ 학년이 비슷하네요　　　　④ 결혼을 먼저 하셨네요

2) A: 졸업한 뒤에 뭘 할 거예요?

　　B: (　　　　　).

　　A: 그래요? 저도 그렇게 할 생각이에요.　　　　　　 34

　　① 배가 고프니까 밥을 먹고 싶어요　② 아무 계획도 세우지 못했어요

　　③ 유학을 가려고 준비 중이에요　　④ 아직 정하지 못했어요

3) A: 이 반찬 내가 만든 거예요. 먹어 보세요.

　　B: (　　　　　). 아주 맛있어요.

　　A: 뭘요.　　　　　　　　　　　　　　　　　　　 35

　　① 만드는 방법을 알고 싶어요　　② 나도 만들어 볼게요

　　③ 요리 잘하시네요　　　　　　　④ 고추장을 넣으면 좋을 거예요

4) A: 할머니 연세가 어떻게 되세요?

　　B: (　　　　　).

　　A: 그렇게 나이가 드셨어요? 정말 건강하시네요.　　 36

　　① 열 시간쯤 주무세요　　　　　② 고기도 잘 잡수세요

　　③ 전혀 기억을 못하세요　　　　④ 올해 아흔이 되셨어요

---

11 文章を読んで、問いに答えなさい。　　　　　　　　　〈2点 × 2問〉

　　나는 형제가 없어서 늘 혼자였습니다. 아버지가 내 생일 선물로 작은 고양이 한 마리를 사 주셨습니다. 지금은 늘 고양이와 함께 놉니다. 그런데 아직 고양이 이름이 없습니다. 그래서 (　　　　　).

【問1】(　　)に入れるのに適切なものを①～④の中から1つ選びなさい。 37

　　① 이름을 부른 적이 없습니다

　　② 이름을 물어보고 싶습니다

　　③ 예쁜 이름을 지어 주고 싶습니다

　　④ 내 생일에 선물을 하려고 합니다

【問2】本文の内容と一致するものを①〜④の中から1つ選びなさい。 [38]

① 나는 아버지에게 선물을 부탁했습니다.
② 아버지 생일에 고양이를 한 마리 샀습니다.
③ 나는 형제가 한 명밖에 없습니다.
④ 생일에 고양이를 선물로 받았습니다.

12 対話文を読んで、問いに答えなさい。 〈2点 × 2問〉

민수: 유미 씨, 미국에 유학을 가요?
유미: 네, 다음 달에 떠날 예정이에요.
민수: 준비는 다 됐어요?
유미: 네, 거의 다 끝났어요. (   ) 걱정이 많아요.
민수: 괜찮아요. 떠나기 전에는 다 그래요. 나도 그때는 걱정을 많이 했어요.
유미: 알았어요. 열심히 공부하고 올게요.

【問1】(   )に入れるのに適切なものを①〜④の中から1つ選びなさい。
[39]

① 그래서   ② 그렇지만   ③ 그러니까   ④ 그러면

【問2】本文の内容と一致するものを①〜④の中から1つ選びなさい。
[40]

① 유미는 유학 준비가 잘 안 돼서 걱정입니다.
② 두 사람은 다음 달에 같이 유학을 떠납니다.
③ 민수도 유학을 간 적이 있습니다.
④ 두 사람은 같은 학교에 다니고 있습니다.

➡ 問題は第1回156、第2回169ページ、台本は第1回195、第2回198ページ、
解説は第1回238、第2回245ページへ

●４０点満点

問題		通し番号	正答		配点
			第１回	第２回	
1	1）	1	①	①	2
	2）	2	③	③	2
	3）	3	④	④	2
2	1）	4	④	④	2
	2）	5	②	②	2
	3）	6	③	③	2
	4）	7	①	①	2
3	1）	8	③	④	2
	2）	9	④	①	2
	3）	10	③	③	2
	4）	11	②	②	2
	5）	12	③	④	2
4	1）	13	③	④	2
	2）	14	②	③	2
	3）	15	④	②	2
	4）	16	③	③	2
	5）	17	④	①	2
5	1）	18	②	③	2
	2）	19	④	②	2
	3）	20	③	④	2
合計		第１回	/40点	第２回	/40点

※ 全問正解になるまで繰り返し練習をしてください。

模擬試験「筆記問題」正答

➡ 問題は第1回163、第2回176ページ、解説は第1回241、第2回248ページへ

●60点満点

問題		通し番号	正答 第1回	正答 第2回	配点	問題		通し番号	正答 第1回	正答 第2回	配点
1	1)	1	③	③	1	**7**	1)	22	②	①	1
	2)	2	①	②	1		2)	23	③	③	1
	3)	3	②	④	1		3)	24	④	②	1
	4)	4	④	①	1		4)	25	②	④	1
2	1)	5	③	②	1		5)	26	①	②	1
	2)	6	②	④	1	**8**	1)	27	③	①	2
	3)	7	④	①	1		2)	28	④	③	2
	4)	8	③	①	1		3)	29	③	③	2
3	1)	9	④	③	1		4)	30	①	②	2
	2)	10	②	①	1	**9**	1)	31	④	③	1
	3)	11	③	④	1		2)	32	②	②	1
	4)	12	④	④	1	**10**	1)	33	④	①	2
	5)	13	②	②	1		2)	34	①	③	2
4	1)	14	②	④	2		3)	35	③	③	2
	2)	15	④	③	2		4)	36	②	④	2
	3)	16	②	④	2	**11**	【問1】	37	④	③	2
5	1)	17	②	④	2		【問2】	38	②	④	2
	2)	18	④	②	2	**12**	【問1】	39	②	②	2
	3)	19	③	①	2		【問2】	40	④	③	2
6	1)	20	④	④	2						
	2)	21	②	③	2						
合計		第1回		/60点		第2回			/60点		

※ 全問正解になるまで繰り返し練習をしてください。

第7章

聞き取り問題台本

聞き取り問題台本

➡ 問題は128ページ、解説は229ページへ

1 イラスト問題

※ 質問文と選択肢を2回ずつ読みます。絵を見て、【質問】に対する答えとして適切なものを①～④の中から1つ選んでください。

1)【質問】이 사람들은 무엇을 하고 있습니까?
　　① 밖에서 축구를 하고 있습니다.　　② 세 명이 배구를 하고 있습니다.
　　③ 두 명이 탁구를 치고 있습니다.　　④ 네 명이 농구를 하고 있습니다.

2)【質問】그림에 맞는 설명은 몇 번입니까?
　　① 두 사람은 서로 인사를 하고 있습니다.　② 두 사람은 손을 잡고 있습니다.
　　③ 남자는 안경을 쓰고 바지를 입었습니다.　④ 여자는 머리가 길고 치마를 입었습니다.

3)【質問】그림에 맞는 설명은 몇 번입니까?
　　① 두 사람은 컴퓨터를 쓰고 있습니다.　② 두 사람은 회의를 열고 있습니다.
　　③ 여자는 전화로 이야기하고 있습니다.　④ 남자는 서서 설명하고 있습니다.

4)【質問】그림에 맞는 설명은 몇 번입니까?
　　① 수건으로 땀을 닦고 있습니다.　　② 비누로 얼굴을 씻고 있습니다.
　　③ 공원에서 물을 마시고 있습니다.　　④ 수건으로 창문을 닦고 있습니다.

5)【質問】그림에 맞는 설명은 몇 번입니까?
　　① 허리가 아파서 걷지 못합니다.　　② 우표를 모으고 있습니다.
　　③ 잠을 자고 있습니다.　　　　　　　④ 누워서 잡지를 읽고 있습니다.

6)【質問】그림에 맞는 설명은 몇 번입니까?
　　① 두 사람은 차를 마시고 있습니다.　② 두 사람이 서서 이야기를 하고 있습니다.
　　③ 안경 쓴 남자가 손을 들고 있습니다.　④ 한 사람이 서서 글자를 쓰고 있습니다.

7)【質問】여자는 무엇을 하고 있습니까?
　　① 숟가락을 들고 있습니다.　　② 그릇을 씻고 있습니다.
　　③ 머리를 감고 있습니다.　　　④ 여행 준비를 하고 있습니다.

8)【質問】그림에 맞는 설명은 몇 번입니까?
　　① 여자는 구름을 보고 있습니다.　② 두 사람은 새를 찍고 있습니다.
　　③ 남자는 배를 타고 있습니다.　　④ 두 사람은 바다를 보고 있습니다.

9) 【質問】그림에 맞는 설명은 몇 번입니까?
   ① 아이 앞을 개가 뛰어 갑니다.　　　② 여자는 개와 함께 걷고 있습니다.
   ③ 아이가 고양이하고 놀고 있습니다.　④ 여자가 자전거를 타고 지나 갑니다.

10) 【質問】이 아이는 무엇을 하고 있습니까?
   ① 엄마와 함께 계단을 오르고 있습니다.　② 엄마와 같이 탁구를 치고 있습니다.
   ③ 엄마와 함께 계단을 내려오고 있습니다.④ 엄마와 같이 손을 씻고 있습니다.

11) 【質問】그림에 맞는 설명은 몇 번입니까?
   ① 남자는 그림을 그리고 있습니다.　　② 여자는 모두 네 명 있습니다.
   ③ 남자 한 명은 서서 차를 마십니다.　④ 여자 두 명은 안경을 쓰고 있습니다.

2 単語説明問題

➡ 問題は136ページ、解説は230ページへ

※ 短い文と選択肢を2回ずつ読みます。文の内容に合うものを①〜④の中
  から1つ選んでください。

1) 노래를 부르는 것이 직업인 사람입니다.
   ① 부장　　　　② 교수　　　　③ 선수　　　　④ 가수

2) 생활에 필요한 물건들을 파는 가게입니다.
   ① 은행　　　　② 편의점　　　③ 공원　　　　④ 어린이집

3) 중국의 글자를 이렇게 말합니다.
   ① 문제　　　　② 학년　　　　③ 한자　　　　④ 문화

4) 얼굴을 씻는 것을 이렇게 말합니다.
   ① 세수　　　　② 수건　　　　③ 목욕　　　　④ 수고

5) 밥은 이것과 같이 먹습니다.
   ① 과자　　　　② 반찬　　　　③ 고추　　　　④ 젓가락

6) 일이 시작되는 시간에 늦는 것을 이렇게 말합니다.
   ① 지갑　　　　② 차례　　　　③ 지각　　　　④ 초급

7) 모르는 단어가 있으면 이것을 찾아봅니다.
   ① 사전　　　　② 사실　　　　③ 사장　　　　④ 사진

8) 손을 씻을 때 이것을 씁니다.
   ① 번호　　　　② 빗물　　　　③ 찬물　　　　④ 비누

9) 대학에서 가르치는 사람을 이렇게 부릅니다.

① 부장　　　② 교수　　　③ 선수　　　④ 가수

10) 외국에서 공부하러 온 사람을 이렇게 말합니다.
　　① 유학생　　② 여러분　　③ 졸업생　　④ 외국인

11) 책을 읽는 것입니다.
　　① 도착　　　② 대답　　　③ 독서　　　④ 달력

12) 건물로 들어가는 곳입니다.
　　① 입학　　　② 출구　　　③ 출신　　　④ 입구

13) 음식을 만드는 곳입니다.
　　① 냉면　　　② 부엌　　　③ 가게　　　④ 북쪽

14) 학기를 마치고 학교가 쉬는 것을 말합니다.
　　① 방향　　　② 휴가　　　③ 방학　　　④ 새해

15) 아버지와 어머니를 이렇게 말합니다.
　　① 부모　　　② 부인　　　③ 주부　　　④ 부장

16) 김치는 이것으로 만듭니다.
　　① 두부　　　② 쇠고기　　③ 생선　　　④ 배추

17) 중학교를 졸업한 뒤에 가는 곳입니다.
　　① 대학교　　② 고등학교　③ 초등학교　④ 대학원

18) 건물에서 나가는 곳을 말합니다.
　　① 계단　　　② 창문　　　③ 출구　　　④ 졸업

19) 날짜와 요일이 써 있습니다.
　　① 약속　　　② 글자　　　③ 교과서　　④ 달력

20) 다른 나라에서 온 사람입니다.
　　① 외국인　　② 졸업생　　③ 여러분　　④ 어린이

21) 부모와 형제를 이렇게 말합니다.
　　① 부부　　　② 아들　　　③ 가족　　　④ 어른

22) 친구와 술잔을 들고 이렇게 말합니다.
　　① 맞아요　　② 건배　　　③ 그릇　　　④ 그럼요

23) 학교에서 가르치는 사람입니다.
　　① 소설가　　② 선수　　　③ 의사　　　④ 교사

24) 손을 씻은 후에 이것으로 닦습니다.
　　① 종이　　　② 비누　　　③ 수건　　　④ 찬물

25) 한국에서는 국을 먹을 때 이것을 씁니다.
   ① 숟가락　　　② 나무　　　　③ 그릇　　　　④ 손가락

26) 내일의 다음 날을 이렇게 말합니다.
   ① 만일　　　　② 그날　　　　③ 그저께　　　④ 모레

27) 아내와 남편을 이렇게 말합니다.
   ① 부인　　　　② 부모　　　　③ 부부　　　　④ 주부

28) 다른 나라 말로 된 글을 자기 나라 말로 바꿔 쓰는 것을 말합니다.
   ① 예문　　　　② 번역　　　　③ 연습　　　　④ 외국어

29) 돈을 여기에 넣어 가지고 다닙니다.
   ① 지갑　　　　② 지도　　　　③ 양말　　　　④ 속옷

30) 형과 남동생을 이렇게 말합니다.
   ① 여러분　　　② 형제　　　　③ 어른　　　　④ 어린이

31) 눈이 나쁘면 이것을 씁니다.
   ① 우산　　　　② 비누　　　　③ 약　　　　　④ 안경

3 応答文選択問題

➡ 問題は140ページ、解説は232ページへ

➡ 問題は140ページ、解説は232ページへ

※ 問いかけなどの文を2回読みます。その応答文として適切なものを
　①～④の中から1つ選んでください。

1) 발표 준비는 다 됐어요?
   ① 아뇨, 아직 도착하지 않았어요.　　② 네, 이번엔 무척 힘들었어요.
   ③ 아뇨, 조금 더 하면 끝나요.　　　④ 글쎄요. 나도 모르겠어요.

2) 영어를 정말 잘하시네요.
   ① 그럼요. 외국어는 진짜 힘들어요.　② 무슨 말씀을요. 아직 멀었어요.
   ③ 미안해요. 발음을 잘못했어요.　　④ 그러니까 늘 외워야 돼요.

3) 어린이집까지 어떻게 가면 돼요?
   ① 아직 수업이 안 끝났을 거예요.　　② 길이 좁아서 자전거는 안 돼요.
   ③ 지하철이 버스보다 더 빨라요.　　④ 저기 편의점에서 왼쪽 길로 가세요.

4) 감기는 다 나았어요?
   ① 아뇨, 아직도 목이 좀 아파요.　　② 네, 다리는 다 나았어요.
   ③ 아뇨, 허리가 아파서 못 앉아요.　　④ 네, 배는 이제 괜찮아요.

第7章　聞き取り台本

5) 이렇게 많이 음식을 만들었어요? 혼자 힘들었겠어요.
   ① 네, 이틀 전부터 연습을 했거든요. ② 아뇨, 동생이 와서 도와줬어요.
   ③ 제가 방법을 가르쳐 드릴게요. ④ 이건 그렇게 어려운 문제가 아니에요.

6) 출구가 어느 쪽이에요?
   ① 북쪽으로 가면 입구가 보여요. ② 멀지 않으니까 걸어가세요.
   ③ 오른쪽에 걸려 있어요. ④ 저쪽에 보이는 문이에요.

7) 회사요? 오늘 일요일이잖아요?
   ① 글쎄요. 바빠서 요일도 모르겠어요. ② 일요일에도 놀러 가는 사람이 많아요.
   ③ 우리 회사는 수요일이 쉬는 날이에요. ④ 그래요? 내가 달력을 안 보고 나왔네요.

8) 금요일 저녁에 연극 보러 갈까요?
   ① 미안해요. 볼 시간이 없었어요. ② 식사를 먼저 하고 보는 게 좋아요.
   ③ 벌써 그걸 봤어요? ④ 좋죠. 뭐 좋은 게 있어요?

9) 이 한자, 어떻게 읽어요?
   ① 글쎄요, 나도 잘 모르겠어요. ② 맞아요. 그렇게 발음하면 돼요.
   ③ 그건 정말 어려운 글자예요. ④ 사전에 다 나와 있어요.

10) 무엇을 시킬까요?
   ① 나도 같은 걸로 주세요. ② 우산을 사는 게 좋겠어요.
   ③ 난 매운 걸 먹고 싶어요. ④ 축구를 하러 갑시다.

11) 얼굴 색이 안 좋네요. 어디 아파요?
   ① 네, 다리가 아파서 멀리는 못 가요. ② 아뇨, 어젯밤에 잠을 안 자서 그래요.
   ③ 네, 약을 먹어도 잘 안 나아요. ④ 아뇨, 일이 바빠서 병원에 못 갔어요.

12) 결혼식 날짜는 잡았어요?
   ① 아뇨, 아직 여자 친구가 없거든요. ② 네, 내년에는 아무 문제도 없어요.
   ③ 아뇨, 내년에는 바빠서 안 돼요. ④ 네, 다음 달 31일에 할 거예요.

13) 허리가 아픈 건 어때요?
   ① 좋은 약이 거의 없네요. ② 네, 이젠 다 나았어요.
   ③ 다리는 이제 건강해요. ④ 네, 늘 아프니까 괜찮아요.

14) 주말에 연극 보러 갈까요?
   ① 난 주말엔 집에서 쉬고 싶어요. ② 그렇게 해요. 보여 줄게요.
   ③ 그날은 집에 있으니까 놀러 오세요. ④ 좋네요. 나도 가서 보고 올게요.

15) 이 색깔이 마음에 드네요.
   ① 그럼 다른 걸 보여 드릴까요? ② 정말 이걸로 괜찮겠어요?
   ③ 그럼 이걸로 하시겠어요? ④ 정말 나도 마음이 가볍네요.

4 文の内容一致問題

➡ 問題は144ページ、解説は233ページへ

※ 文章もしくは対話文を2回読みます。その内容と一致するものを
　①～④の中から1つ選んでください。

1) 작년부터 유튜브를 이용해서 한국 요리를 배우고 있습니다. 잘하지는 못하지만 여러 가지 한국 음식을 만들어 먹는 것이 재미있습니다.

2) 요즘은 인터넷만 되면 종이 지도가 필요 없어요. 인터넷으로 주소와 가게 이름만 찾아보면 가는 길을 가르쳐 줘서 편해요.

3) 나는 회사에서 가까운 곳에 살고 있어서 매일 걸어서 다닙니다. 이전에는 회사까지 한 시간 이상 걸리는 곳에 살아서 아주 힘들었습니다.

4) 나는 지금 서울에 유학 중입니다. 다음 주에는 친구들이 방학을 이용해서 서울에 올 예정입니다. 같이 서울 시내를 돌아보고 맛있는 것을 먹을 겁니다.

5) 어제 저녁에는 오랜만에 대학 때 친구들을 만나 술을 마셨습니다. 졸업한 뒤에 처음 만나는 친구도 있었습니다. 오늘은 늦잠을 자서 아침도 못 먹고 회사에 갔습니다.

6) 나는 작년에 대학을 졸업하고 올해 미국에 유학을 왔습니다. 아직 수업을 영어로 듣고 글을 쓰는 것이 힘들지만 열심히 노력할 생각입니다.

7) 나는 형제가 세 명이지만 형 둘은 결혼을 해서 다른 곳에서 삽니다. 그래서 집에는 부모님과 나밖에 없습니다.

8) 나는 대학 때 여름 방학을 이용해서 한국어를 배우러 두 달간 서울에 간 적이 있습니다. 그때 만난 한국 친구와는 지금도 1년에 한 번 정도 만나고 있습니다.

9) 나는 우표를 모으는 것이 취미입니다. 같은 취미를 가진 친구와 늘 우표 이야기를 합니다. 친구는 외국 우표를 잘 알고 있습니다.

10) 입어 보시고 마음에 드시면 말씀하세요. 색깔은 다른 것도 있어요.

11) 女 : 언제 봐도 건강해 보이네요.
　　男 : 매일 아침 일찍 일어나서 뛰거든요. 민지 씨는 무슨 운동을 해요?
　　女 : 운동이요? 난 아무것도 하는 게 없어요.

12) 女 : 배 고프면 우선 이걸 좀 드세요.
　　男 : 아까 빵을 먹어서 괜찮아요.
　　女 : 그래요? 그럼 차라도 좀 드세요.

13) 男 : 영어도 잘하고 중국어도 너무 잘하네요. 어디서 배웠어요?

女 : 영국에서 3년, 중국에서 5년 살았거든요.
男 : 나도 외국에서 살아 보고 싶네요.

14) 男 : 한자 시험은 잘 봤어요?
   女 : 네, 생각보다 쉬웠어요.
   男 : 난 어려워서 반밖에 못 썼어요.

15) 女 : 피곤해 보이네요. 요즘 바쁘세요?
   男 : 네, 일이 많아서 매일 밤 늦게까지 일해요.
   女 : 그렇게 일만 하면 안 되지요. 피곤할 때는 좀 쉬세요.
   男 : 나도 그렇게 하고 싶지만 시간이 없어서요.
   女 : 그럼 전부 혼자 하지 말고 도와줄 사람을 찾아보세요.

16) 女 : 어디 가세요? 수업은 끝났어요?
   男 : 네, 조금 전에 끝났어요. 책을 빌리러 도서관에 가려고요.
   女 : 나도 거기에 가는 중이에요.
   男 : 책을 빌릴 거예요?
   女 : 아뇨, 숙제를 하고 가려고요.

17) 女 : 이 구두는 어떠세요?
   男 : 다른 색은 없어요? 이 색깔은 나한테는 잘 안 어울려서요.
   女 : 그럼 검은색은 어떠세요?
   男 : 그건 괜찮아요. 신어 봐도 돼요?
   女 : 네, 잠깐만 기다리세요. 가지고 올게요.

18) 女 : 주말에는 뭐 해요?
   男 : 농구를 좋아하니까 친구들과 농구를 할 때가 많아요.
      민영 씨는 좋아하는 운동이 있어요?
   女 : 나는 내가 하는 것보다 보는 걸 좋아해요.
   男 : 그래요? 어떤 운동을 보는 걸 좋아해요?
   女 : 나는 농구도 배구도 축구도 운동은 다 좋아해요.

5 対話文の内容理解問題

➡ 問題は150ページ、解説は235ページへ

※ 対話文を2回読みます。引き続き選択肢も2回ずつ読みます。【質問】に
   対する答えとして適切なものを①～④の中から1つ選んでください。

1) 女 : 여보세요? 수민 씨, 지금 어디에 있어요?
   男 : 나 지금 학교에 있어요.
   女 : 학교요? 왜 학교에 있어요?
      난 지금 극장 앞에서 20분 이상 기다리고 있어요.

男 : 약속 시간이 여섯 시가 아니었어요?

女 : 아니에요. 다섯 시라고 얘기했잖아요.

【質問】女性はなぜ電話をしましたか。

① 약속 시간을 바꾸려고 전화했습니다. ② 남자가 걱정이 되어서 전화했습니다.

③ 남자가 오지 않아서 전화했습니다. ④ 남자에게 길을 가르쳐 주려고 전화했습니다.

2) 男 : 미영 씨 결혼식이 세 시지요? 이제 출발해야 하겠어요.

女 : 네. 그런데 어떻게 갈까요? 버스로 갈까요?

男 : 버스는 앉아서 가니까 편하지만 시간이 너무 걸려요.

女 : 그럼 지하철로 가요.

男 : 그렇게 해요. 빠르고 시간에 늦지 않아서 좋아요.

【質問】二人はこの後何をするでしょうか。

① 버스를 탈 겁니다.   ② 결혼 선물을 살 겁니다.

③ 세 시에 출발할 겁니다.   ④ 결혼식에 갈 겁니다.

3) 女 : 목소리가 아직도 안 좋네요.

男 : 네. 약을 먹었지만 잘 안 나아요.

女 : 병원에는 가 봤어요?

男 : 아니요. 약 먹고 좀 쉬면 괜찮을 거예요.

女 : 하지만 잘 안 나으니까 빨리 병원에 가 보는 게 좋을 거예요.

【質問】対話の内容と一致するものはどれですか。

① 여자는 목이 아픕니다.   ② 남자는 병원에 안 갔습니다.

③ 여자는 남자의 아내입니다.   ④ 남자는 약국에 있습니다.

4) 女 : 한국에는 무슨 일로 오셨어요?

男 : 난 한국 요리를 배우러 왔어요.

     일본에서도 일 년 정도 배웠지만 더 배우고 싶어서요.

女 : 나는 한국어를 공부하러 왔어요.

     공부가 끝나면 한국 회사에서 일하고 싶어요.

男 : 나는 일본에 돌아가서 한국 음식점을 하는 게 꿈이에요.

女 : 그거 멋있는 꿈이네요.

【質問】男性が韓国に来た理由は何ですか。

① 한국 회사에서 일하려고 왔습니다.   ② 한국 요리를 배우려고 왔습니다.

③ 한국에서 음식점을 열려고 왔습니다.   ④ 한국말을 배우려고 왔습니다.

5) 女 : 이 영화 봤어요? 정말 재미있어요.

男 : 아, 이 영화요? 나는 좀 시간이 지난 뒤에 집에서 보려고요.

女 : 이 영화는 영화관에서 보는 게 좋아요. 그렇지 않으면 재미없어요.

男 : 그래요? 그럼 나도 가서 봐야겠네요.

女 : 이번 달말까지 하니까 2주일밖에 안 남았어요.

【質問】対話の内容と一致するものはどれですか。

    ① 이 영화는 영화관에서 보는 게 좋습니다.

    ② 이 영화는 올해 가장 인기가 있는 것입니다.

    ③ 이 영화는 이번 달 20일까지 합니다.

    ④ 영화는 집에서 혼자 보는 게 좋습니다.

6) 男 : 이번 주말에 뭐 해요?

    女 : 그냥 집에서 쉬려고 해요.

    男 : 보고 싶은 연극이 하나 있어요. 같이 보러 갈까요?

    女 : 좋아요. 그런데, 연극 제목이 뭐예요?

    男 : '바람과 별'이에요.

    女 : 그거요? 난 그건 벌써 봤어요.

【質問】対話の内容と一致するものはどれですか。

    ① 두 사람은 주말에 만날 예정입니다. ② 여자는 벌써 그 영화를 봤습니다.

    ③ 남자는 '바람과 별'을 보고 싶었습니다. ④ 여자는 주말에 집에서 쉬었습니다.

7) 男 : 휴가 때 뭐 했어요?

    女 : 휴가가 짧아서 아무 데도 못 가고 집에서 쉬었어요.

        수민 씨는 어떻게 지냈어요?

    男 : 난 휴가가 다음 달이에요.

    女 : 무슨 좋은 계획이라도 있어요?

    男 : 지금 일이 바빠서 그냥 집에서 쉬고 싶어요.

【質問】女性はなぜ休みの時に外出しなかったのですか。

    ① 피곤해서 집에서 쉬었습니다.

    ② 일이 바빠서 여행을 못 갔습니다.

    ③ 휴가 때는 사람이 많아서 아무 데도 안 갔습니다.

    ④ 휴가가 길지 않아서 집에 있었습니다.

8) 女 : 토요일에도 회사에 가요?

    男 : 아뇨, 중국어 사전이 필요해서 책방에 가는 중이에요.

    女 : 중국어 사전이요? 중국어 공부해요?

    男 : 네, 회사 일에 필요해서 지난달부터 공부하고 있어요.

    女 : 일도 해야 하고 외국어도 공부해야 하고 바쁘겠네요.

【質問】対話の内容と一致するものはどれですか。

    ① 남자는 중국어 공부를 시작할 겁니다.

    ② 남자는 지난달부터 중국에서 일합니다.

    ③ 여자는 남자와 사전을 사러 왔습니다.

    ④ 남자는 한달 전부터 중국어 공부를 시작했습니다.

9) 女：저기요. 이 귤은 얼마예요?

男：그건 3500원이에요.

女：이 사과는요?

男：그건 한 개에 1000원이에요.

女：그러면 이 귤 하나하고 사과 두 개 주세요.

【質問】女性はいくら払えばいいですか。

① 5500원　　② 4500원　　③ 6200원　　④ 4200원

第1回 模試試験 聞き取り問題 台本

➡ 問題は156ページ、解説は238ページへ

1 質問文と選択肢を2回ずつ読みます。絵を見て、【質問】に対する答えとして
適切なものを①~④の中から1つ選んでください。

1) 【質問】여자는 무엇을 하고 있습니까?

① 신호등 앞에서 기다리고 있습니다.　② 아이하고 외국어를 배우러 갑니다.

③ 택시를 세우려고 합니다.　　　　　④ 계단을 오르고 있습니다.

2) 【質問】그림에 맞는 설명은 몇 번입니까?

① 콜라를 마시고 있습니다.　　　　　② 맥주를 시키고 있습니다.

③ 건배를 하고 있습니다.　　　　　　④ 왼손을 들고 있습니다.

3) 【質問】그림에 맞는 설명은 몇 번입니까?

① 할아버지는 모자를 손에 들고 있습니다.

② 아이가 할아버지와 같이 걷고 있습니다.

③ 할머니와 할아버지가 이야기를 하고 있습니다.

④ 아이가 할아버지에게 인사를 하고 있습니다.

2 短い文と選択肢を2回ずつ読みます。文の内容に合うものを①~④の中から
1つ選んでください。

1) 세수한 뒤에 이것으로 자기 얼굴을 봅니다.

① 안경　　　　② 티브이　　　　③ 우표　　　　④ 거울

2) 아홉 명과 아홉 명이 나눠서 하는 운동입니다.

① 탁구　　　　② 야구　　　　③ 농구　　　　④ 축구

3) 처음 가는 곳을 찾아갈 때는 이것을 봅니다.

① 달력　　　　② 그림　　　　③ 지도　　　　④ 여행

4) '반드시'와 같은 의미의 말입니다.

　① 꼭　　　　　　　② 늘　　　　　　② 참　　　　　　④ 곧

3　問いかけなどの文を2回読みます。その応答文として適切なものを①～④の中から1つ選んでください。

1) 유학 준비는 다 끝났어요?

　① 네, 결혼해서 살 집도 준비했어요.　② 아뇨, 외국에는 한 번도 간 적이 없어요.

　③ 네, 이제 출발할 날만 기다리고 있어요.　④ 유학 와서 벌써 한 달이 지났네요.

2) 오늘은 정말 수고 많으셨습니다.

　① 많이 틀려서 죄송해요.　　　　　　② 그럼 내일 또 봐요.

　③ 잘 부탁드리겠어요.　　　　　　　④ 무슨 말씀을요.

3) 일본어는 뭐가 제일 어려워요?

　① 한국어보다 발음이 쉬워요.　　　　② 아직 일본어를 잘 못해요.

　③ 한자를 읽고 쓰는 거예요.　　　　④ 나도 그런 말을 들은 적이 있어요.

4) 오늘 점심은 어떻게 할 거예요?

　① 요즘은 매일 매운 것만 먹었어요.　② 난 도시락을 가지고 왔어요.

　③ 거기는 반찬이 정말 맛있어요.　　④ 이렇게 더운 날에는 냉면이 좋아요.

5) 여보세요, 사장님 좀 바꿔 주십시오.

　① 그럼 오후 두 시에 다시 오세요.　② 그럼 저한테 전화번호를 가르쳐 주세요.

　③ 지금 자리에 안 계세요. 누구시죠?　④ 소리가 잘 들리니까 말씀하세요.

4　文章もしくは対話文を2回読みます。その内容と一致するものを①～④の中から1つ選んでください。

1) 나는 대학 1학년 때부터 음식점에서 아르바이트를 하고 있습니다. 아르바이트를 통하여 많은 것을 배웠습니다.

2) 나는 저녁에 공원에 가서 뛰는 운동을 합니다. 운동이 끝나면 집에 돌아와서 목욕을 하고 저녁을 먹습니다.

3) 일 주일 전에 다리를 다쳐서 지금도 병원에 누워 있습니다. 빨리 나아서 다시 운동도 하고 맛있는 것도 먹고 싶습니다.

4) 男 : 그 얘기 어디서 들었어요?

　女 : 친구한테서 들었어요. 처음엔 믿지 못했어요.

　男 : 나도 그래요. 무척 놀랐어요.

5) 女：이 글자 어떻게 읽어요?

男：나도 모르겠어요.

女：일본 한자는 무척 어렵네요.

男：글자는 하나지만 여러 가지로 읽으니까요.

女：무슨 좋은 방법이 없을까요?

5 対話文を2回読みます。引き続き選択肢も2回ずつ読みます。【質問】に対する
答えとして適切なものを①～④の中から1つ選んでください。

1) 男：무슨 운동을 하세요?

女：작년부터 테니스를 치고 있어요. 영민 씨도 테니스 쳐요?

男：아니요. 난 한 번도 쳐 본 적이 없어요.

女：그래요? 한번 배워 보겠어요? 내가 가르쳐 줄게요.

男：좋아요. 이번주 토요일에 시간이 있으니까 가르쳐 주세요.

【質問】男性は週末に何をするでしょうか。

① 여자와 함께 테니스를 배울 겁니다. ② 여자와 테니스를 칠 겁니다.

③ 여자와 함께 테니스를 볼 겁니다. ④ 여자에게 테니스를 가르쳐 줄 겁니다.

2) 女：안경을 만들러 왔습니다.

男：아, 네. 지금은 안경을 안 쓰세요?

女：네. 아직 한 번도 안 써 봤어요. 글자가 잘 안 보여서 써 보려고요.

男：그럼 먼저 안경을 보시고 마음에 드는 게 있으면 말씀하세요.

女：네, 알겠습니다.

【質問】対話の内容と一致するものはどれですか。

① 여자는 안경 가게에서 일합니다. ② 남자는 안경을 처음 샀습니다.

③ 남자는 지금은 안경을 안 씁니다. ④ 여자는 안경을 쓴 적이 없습니다.

3) 女：요즘 잠을 잘 못 자요. 무슨 좋은 방법이 없을까요?

男：난 잠을 자기 전에 운동을 해요. 그러면 잠이 잘 와요.

女：무슨 운동을 해요?

男：방 안에서 하는 가벼운 운동이에요.

내가 방법을 가르쳐 줄게요. 한번 해 보세요.

女：고마워요. 나도 오늘부터 해 볼게요.

【質問】対話の内容と一致するものはどれですか。

① 여자는 잠을 잘 자는 방법을 가르칩니다.

② 남자는 잠이 안 오면 운동을 합니다.

③ 여자는 오늘 운동을 하려고 합니다.

④ 남자와 여자는 함께 운동을 할 겁니다.

→ 問題は169ページ、解説は245ページへ

1 質問文と選択肢を2回ずつ読みます。絵を見て、【質問】に対する答えとして適切なものを①～④の中から1つ選んでください。

1)【質問】남자는 무엇을 하고 있습니까?
　　① 뛰고 있습니다.　　　　　　　　② 사진을 찍고 있습니다.
　　③ 여자와 함께 걷고 있습니다.　　④ 인사를 나누고 있습니다.

2)【質問】그림에 맞는 설명은 몇 번입니까?
　　① 안경을 쓴 여자는 앉아 있습니다.　② 남자는 가방을 들고 있습니다.
　　③ 키가 큰 여자는 머리가 깁니다.　　④ 남자는 오른손을 들고 있습니다.

3)【質問】그림에 맞는 설명은 몇 번입니까?
　　① 식당에서 음식을 시키고 있습니다.　② 부엌에서 그릇을 씻고 있습니다.
　　③ 방에서 그림을 그리고 있습니다.　　④ 부엌에서 음식을 만들고 있습니다.

2 短い文と選択肢を2回ずつ読みます。文の内容に合うものを①～④の中から1つ選んでください。

1) '하지만'과 같은 뜻의 말입니다.
　　① 그런데　　　　② 그러니까　　　③ 그래서　　　④ 그렇지만

2) 공부하러 외국 학교에 가는 것을 이렇게 말합니다.
　　① 출발　　　　　② 유학　　　　　③ 입학　　　　④ 졸업

3) 식당에 가서 식사하기 전에 이것으로 손을 닦습니다.
　　① 국　　　　　　② 맥주　　　　　③ 물수건　　　④ 종이

4) 할머니의 이름을 물을 때는 이 단어를 씁니다.
　　① 성함　　　　　② 연세　　　　　③ 말씀　　　　④ 한자

3 問いかけなどの文を2回読みます。その応答文として適切なものを①～④の中から1つ選んでください。

1) 이 게임은 언제까지 만들면 돼요?
　　① 올해는 아무 계획이 없어요.　　　② 그건 오늘 저녁에 먹을 거예요.

③ 난 그저께 다 만들었어요. ④ 내년 봄까지 끝내면 돼요.

2) 무슨 좋은 일이라도 있어요?
　① 네, 다음 주에 결혼을 하거든요. ② 아뇨, 시계를 잃어버려서 다시 샀어요.
　③ 네, 친구가 유학을 가 버렸어요. ④ 아뇨, 요즘은 콘서트에도 못 가요.

3) 시청은 어느 쪽으로 가면 되지요?
　① 왼쪽 길로 가면 백화점이 나와요. ② 거기서 버스를 타면 돼요.
　③ 3번 출구로 나가서 오른쪽 길로 가세요. ④ 지하철역이 가까우니까 편해요.

4) 김 선생님은 일흔이 넘으셨어요. 알고 있었어요?
　① 팔십이 넘어도 매일 운동을 하세요. ② 아뇨, 그런데 참 젊어 보이시네요.
　③ 나는 그런 말은 전혀 못 들었어요. ④ 네, 일만 하면 건강에 안 좋을 거예요.

5) 다친 건 다 나았어요?
　① 배도 많이 나왔어요. ② 어제까지 다 마쳤어요.
　③ 냄새가 조금 나요. ④ 이제는 괜찮아요.

4 文章もしくは対話文を2回読みます。その内容と一致するものを①〜④の中から1つ選んでください。

1) 아침부터 열이 나고 춥습니다. 콧물도 나오고 목도 아픕니다. 감기약을 사 오려고 합니다.

2) 오늘 반찬을 만들었습니다. 소금을 많이 넣어 좀 짭니다. 단 것은 안 좋아해서 설탕은 안 넣었습니다.

3) 올해 대학교에 입학해서 아르바이트를 시작했습니다. 열심히 돈을 모아서 졸업하기 전에 1년쯤 유학을 가려고 합니다.

4) 女 : 민수 씨, 아들이 고등학생이죠? 몇 학년이에요?
　男 : 올해 입학했어요.
　女 : 그래요? 그럼 우리 딸하고 같네요.

5) 男 : 수미 씨 아니에요? 오래간만이에요.
　女 : 정말 오래간만이에요. 2년 전이죠? 지난번에 만난 것은.
　男 : 그렇게 됐네요. 시간 있으면 커피숍에 가서 이야기라도 할까요?
　女 : 그렇게 하죠. 지금도 그 회사에 다니고 있죠?
　男 : 네, 올해로 6년이 됐어요.

5 対話文を2回読みます。引き続き選択肢も2回ずつ読みます。【質問】に対する
答えとして適切なものを①～④の中から1つ選んでください。

1) 女 : 오늘도 회사에 걸어서 왔어요?
   男 : 네. 요즘은 매일 걸어 다녀요.
   女 : 그거 운동이 많이 되겠네요. 집에서 얼마나 걸려요?
   男 : 30분이요. 집에 갈 때도 걸어서 가니까 하루에 한 시간쯤 걸어요.
   女 : 그렇게 많이 걸어요? 난 역에서 회사까지 10분 걷는 것도 힘들어요.

【質問】女性の会社から駅まではどのくらいかかりますか。
   ① 걸어서 20분쯤 걸립니다.
   ② 걸어서 30분쯤 걸립니다.
   ③ 걸어서 10분쯤 걸립니다.
   ④ 걸어서 한 시간쯤 걸립니다.

2) 男 : 회의 준비는 다 했어요?
   女 : 네, 거의 다 했어요.
   男 : 그럼 지금부터 30분 뒤에 회의를 시작해도 돼요?
   女 : 네, 괜찮습니다. 준비해 가지고 가겠습니다.
   男 : 그럼 회의실에서 만나요.

【質問】対話の内容と一致するものはどれですか。
   ① 남자는 회의에 30분 늦을 겁니다.
   ② 두 사람은 같이 회의를 할 겁니다.
   ③ 남자는 여자를 회의실에서 기다릴 겁니다.
   ④ 남자는 지금부터 회의 준비를 합니다.

3) 男 : 수미 씨는 이번 휴가 때에 뭘 할 거예요?
   女 : 고향에 계신 부모님을 만나러 갈 생각이에요.
   男 : 부모님이 좋아하시겠어요.
   女 : 네. 지난 휴가 때는 회사 일 때문에 못 갔어요. 수민 씨는 뭘 해요?
   男 : 난 이번엔 가족들과 일본에 놀러 가려고요.

【質問】対話の内容と一致するものはどれですか。
   ① 여자는 지금 회사 일이 바쁩니다.
   ② 남자는 휴가 때 고향에 못 갔습니다.
   ③ 여자는 부모님과 함께 삽니다.
   ④ 남자는 해외 여행을 갈 겁니다.

第8章

解説編

筆記問題解説

第1章　発音と表記問題

1 発音問題

➡ 解説で取り上げている発音規則の詳細は次のページの合格資料を参照してください。
- ・鼻音化：18ページ　　・激音化：19ページ　　・流音化：20ページ
- ・口蓋音化：20ページ　　・濃音化：20ページ　　・連音化：23ページ
➡ 問題は24ページへ

※ 発音どおり表記したものを①～④の中から1つ選びなさい。

1) **正解 ❸** 콧물이 [콘무리] 鼻水が：콧の代表音＋鼻音化（ㄷ＋ㅁ → ㄴ＋ㅁ）＋
連音化で「콧＋물이→ 콛＋물이→ 콘＋물＋이→ 콘＋무＋리」と音変化。

2) **正解 ❷** 그렇게 [그러케] そのように：「ㅎ＋ㄱ → ㅋ」の激音化。

3) **正解 ❹** 싫지만[실치만] 嫌いだけど：「ㅎ＋ㅈ → ㅊ」の激音化。

4) **正解 ❷** 읽을 거예요[일글꺼에요] 読むつもりです：2文字の連音化で
[일+글]＋連体形語尾「－ㄹ/－을」の後に来る平音「ㄱ」の濃音化で
[일글+꺼에요]と音変化。

5) **正解 ❸** 십일 년 [시빌련] 11年：連音化＋流音化(ㄹ+ㄴ → ㄹ+ㄹ)で
「십＋일년→ 시＋빌＋년→ 시＋빌＋련」と音変化。

6) **正解 ❶** 작년부터[장년부터] 昨年から：「ㄱ＋ㄴ → ㅇ＋ㄴ」の鼻音化で
「작＋년부터→ 장＋년부터」と音変化。

7) **正解 ❹** 약속해요[약쏘캐요] 約束します：「ㄱ＋ㅅ → ㄱ＋ㅆ」の濃音化＋「ㅎ＋ㄱ
→ ㅋ」の激音化で「약＋속해요→ 약＋쏙＋해요→ 약＋쏘＋캐요」と音変化。

8) **正解 ❸** 한자어[한짜어] 漢字語：漢字語における例外的な濃音化。

9) **正解 ❶** 연락처[열락처] 連絡先：「ㄴ＋ㄹ → ㄹ＋ㄹ」の流音化で「연+락처→
열+락처」と音変化。

10) **正解 ❸** 따뜻하고 [따뜨타고] 暖かくて：代表音＋「ㄷ + ㅎ → ㅌ」の激音化で
「따+뜻+하고→ 따+뜯+하고→ 따+뜨+타고」と音変化。

11) **正解 ❷** 열심히[열씨미] 熱心に、一生懸命に：漢字語における例外的な濃音化＋「ㅎ弱化」による連音化で「열＋심＋히→ 열＋씸＋히→ 열＋씨＋미」と音変化。

12) **正解 ❹** 붙일 거예요[부칠꺼예요] 貼るつもりです：「ㅌ＋이 → 치」の口蓋音化＋連体形語尾「−ㄹ/−을」の後に来る平音「ㄱ」の濃音化で[붙＋일＋거예요→ 부＋칠＋거예요→ 부＋칠＋꺼예요]と音変化。

13) **正解 ❸** 잘못해서[잘모태서] 間違えて：代表音＋「ㄷ＋ㅎ → ㅌ」の激音化で「잘못＋해서→ 잘몯＋해서→ 잘모＋태서」と音変化。

14) **正解 ❶** 옛날에[옌나레] 昔に：「ㄷ＋ㄴ → ㄴ＋ㄴ」の鼻音化＋連音化で「옛＋날＋에→ 옏＋날＋에→ 옌＋나＋레」と音変化。

15) **正解 ❹** 생일날[생일랄] 誕生日：流音化(ㄹ＋ㄴ → ㄹ＋ㄹ)で「생일＋날→ 생일＋랄」と音変化。

16) **正解 ❷** 끊을 것도[끄늘껃또] やめるのも：ㅎ脱落＋連音化＋連体形語尾「−ㄹ/−을」の後に来る平音「ㄱ」の濃音化＋「ㄷ＋ㄷ → ㄷ＋ㄸ」の濃音化で[끊＋을＋것＋도→ 끈＋을＋걷＋도→ 끄＋늘＋껃＋또]と音変化。

17) **正解 ❶** 젓가락을[젇까라글] 箸を：「ㄷ＋ㄱ → ㄷ＋ㄲ」の濃音化＋連音化で「젓＋가락＋을→ 젇＋가락＋을→ 젇＋까라＋글」と音変化。

18) **正解 ❷** 끝내면[끈내면] 終えたら：「ㄷ＋ㄴ → ㄴ＋ㄴ」の鼻音化で「끝＋내면→ 끋＋내면→ 끈＋내면」と音変化。

19) **正解 ❸** 못했어요[모태써요] できませんでした：代表音＋「ㄷ＋ㅎ → ㅌ」の激音化＋連音化で「못＋했＋어요→ 몯＋해＋써요→ 모＋태＋써요」と音変化。

20) **正解 ❷** 어렵네요[어렴네요] 難しいですね：「ㅂ＋ㄴ → ㅁ＋ㄴ」の鼻音化で「어렵＋네요→ 어렴＋네요」と音変化。

21) **正解 ❸** 같이[가치] 一緒に：「ㅌ＋이 → 치」の口蓋音化。

22) **正解 ❹** 읽고[일꼬] 読んで：パッチム「ㄺ」は「ㄱ」で始まる語尾の前で「ㄹ」で発音し、後続の「ㄱ」は濃音で発音される。

23) **正解 ❶** 그렇지만[그러치만] だけれども：「ㅎ＋ㅈ ➡ 치」の激音化。

24) **正解 ❹** 따뜻해서[따뜨태서] 暖かくて：代表音＋「ㄷ＋ㅎ ➡ ㅌ」の激音化で「따＋뜻＋해서→ 따＋뜯＋해서→ 따＋뜨＋태서」と音変化。

25) **正解 ❷** 먹을 것[머글껃] 食べるもの：連音化＋連体形語尾「−ㄹ/−을」の後に来る平音「ㄱ」の濃音化＋代表音で、「먹＋을＋것 → 머＋글＋껃」と音変化。

26) **正解 ❶** 여덟 개[여덜깨] 八個：여덟(八)、열(十)の後に来る平音「ㄱ,ㄷ,ㅅ,ㅈ」は濃音「ㄲ,ㄸ,ㅆ,ㅉ」で発音される。

27) **正解 ❹** 인기 있는[인끼인는] 人気の：漢字語における例外的な濃音化＋「ㄷ＋ㄴ ➡ ㄴ＋ㄴ」の鼻音化で「인＋기＋있＋는→ 인＋끼＋읻＋는→ 인＋끼＋인＋는」と音変化。

28) **正解 ❸** 육학년[유캉년] 6年生：「ㄱ＋ㅎ → ㅋ」の激音化＋「ㄱ＋ㄴ → ㅇ＋ㄴ」の鼻音化で「육＋학＋년→ 유＋칵＋년→ 유＋캉＋년」と音変化。

29) **正解** ❷ 앉지 않고[안찌안코] 座らずに：用言の語幹の終声「ㄴ」の後で「ㅈ」で始まる
語尾の濃音化＋「ㅎ＋ㄱ → ㅋ」の激音化で「앉＋지＋않＋고→ 안＋찌＋안＋코」
と音変化。

30) **正解** ❹ 끝냈어요[끈내써요] 終えました：「ㄷ＋ㄴ → ㄴ＋ㄴ」の鼻音化で「끝＋냈＋어요
→ 끋＋내＋써요→ 끈＋내＋써요」と音変化。

31) **正解** ❶ 발전하면[발쩌나면] 発展したら：漢字語における ㄹ 終声直後の平音の濃音化
＋ㅎ弱化による連音化で「발＋전＋하면→ 발＋쩐＋하면→ 발＋쩌＋나면」と
音変化。

32) **正解** ❸ 맛없는[마덤는] まずい：代表音の連音＋「ㅂ＋ㄴ → ㅁ＋ㄴ」の鼻音化で「맛＋
없＋는→ 맏＋업＋는→ 마＋덥＋는→ 마＋덤＋는」と音変化。

33) **正解** ❷ 못해서[모태서] できなくて：「ㄷ＋ㅎ → ㅌ」の激音化。

34) **正解** ❹ 밝습니다[박씀니다] 明るいです：「ㄱ＋ㅅ → ㄱ＋ㅆ」の濃音化＋「ㅂ＋ㄴ →
ㅁ＋ㄴ」の鼻音化で「밝＋습＋니다→ 박＋씁＋니다→ 박＋씀＋니다」と音変化。

35) **正解** ❶ 멋있네요[머신네요] 素敵ですね：連音化＋「ㄷ＋ㄴ → ㄴ＋ㄴ」の鼻音化で
「멋＋있＋네요→ 머＋싰＋네요→ 머＋신＋네요→ 머＋신＋네요」と音変化。

2 表記問題

→ 問題は28ページへ

※ 次の日本語の意味を正しく表記したものを①～④の中か１つ選びなさい。

1) **正解** ❹ おととい：그저께

2) **正解** ❷ うれしいです：기뻐요

3) **正解** ❸ 朝寝坊：늦잠

4) **正解** ❶ タバコ：담배

5) **正解** ❸ (鶏の) 卵：달걀

6) **正解** ❷ 走ります：뛰어요

7) **正解** ❹ 向かい側：맞은편

8) **正解** ❷ おかず：반찬

9) **正解** ❶ 素敵です：멋있어요

10) **正解** ❹ 左側：왼쪽

11) **正解** ❸ 似ています：비슷해요

12) **正解** ❹ まったく：전혀

13) **正解** ❸ すでに：벌써

14) **正解** ❷ 会話：회화

15) **正解** ❶ 熱心に、一生懸命に：열심히

16) **正解** ❸ 正しいです：옳아요
17) **正解** ❷ 貼ります：붙여요
18) **正解** ❹ 匂い：냄새
19) **正解** ❶ 汗：땀
20) **正解** ❸ 生活：생활
21) **正解** ❷ まず：우선
22) **正解** ❹ コンビニエンスストア：편의점
23) **正解** ❶ 暗記します：외워요
24) **正解** ❸ 過ち：잘못
25) **正解** ❹ 守ります：지켜요
26) **正解** ❷ バスケットボール：농구
27) **正解** ❶ 昨年：작년
28) **正解** ❸ 一緒に：함께
29) **正解** ❹ 聞こえます：들려요
30) **正解** ❶ 楽です：편해요
31) **正解** ❷ カレンダー：달력
32) **正解** ❸ 削ります：깎아요
33) **正解** ❹ パーセント：퍼센트
34) **正解** ❷ 一晩：하룻밤
35) **正解** ❶ 必ず：반드시

➡ 解説で取り上げている４級出題範囲の語彙リストは次のページの合格資料を参照。

・名詞：39ページ・動詞：43ページ・形容詞：44ページ・副詞：45ページ・連語：46ページ

1 単語選択問題

➡ 問題は48ページへ

➡ 問題は48ページへ

※ 次の日本語に当たるものを①～④の中から1つ選びなさい。

1) 建物
　　① 健康　　　　　❷ 建物　　　　　③ 決定　　　　　④ 計画
2) 半月
　　① カレンダー　　② おかず　　　　③ 台所　　　　　❹ 半月
3) 職業
　　❶ 職業　　　　　② 出身　　　　　③ 財布　　　　　④ 卒業
4) 方向
　　① 学校の長期休暇　② 影響　　　　　❸ 方向　　　　　④ 番号
5) 向かい側
　　① 左側　　　　　❷ 向かい側　　　③ 右側　　　　　④ あちら
6) 米
　　❶ 米　　　　　　② 大根　　　　　③ ミカン　　　　④ ネギ
7) 子供
　　① 皆さん　　　　② お嬢さん　　　③ 大人　　　　　❹ 子供
8) スプーン
　　① 箸　　　　　　② 食器　　　　　❸ スプーン　　　④ 指
9) ミカン
　　❶ ミカン　　　　② 海苔　　　　　③ キュウリ　　　④ ナイフ
10) 石けん
　　① 額　　　　　　❷ 石けん　　　　③ ハンコ　　　　④ 鏡
11) 魚
　　① 牛　　　　　　② 豚　　　　　　③ 鳥　　　　　　❹ 魚
12) 皿
　　① 財布　　　　　② 地図　　　　　❸ 皿　　　　　　④ 職業
13) 大根
　　① ネギ　　　　　❷ 大根　　　　　③ 豆腐　　　　　④ 白菜
14) 白い
　　① 深い　　　　　❷ 白い　　　　　③ 黒い　　　　　④ 正しい
15) 召し上がる
　　① お休みになる　② お目にかかる　③ おっしゃる　　❹ 召し上がる
16) 弱い
　　① 楽だ　　　　　② 強い　　　　　❸ 弱い　　　　　④ 幼い
17) 理解する
　　❶ 理解する　　　② 似合う　　　　③ 勝つ　　　　　④ 利用する

18）集まる
　① 集める　　②上がる　　❸ 集まる　　④ 知らせる
19）重い
　① 広い　　❷ 重い　　③ 狭い　　④ 暗い
20）残す
　① 感じる　　② 驚く　　③ 走る　　❹ 残す
21）立ち上がる
　❶ 立ち上がる　　② 現れる　　③ 上がって来る　　④ 訪ねて来る
22）生じる
　① 争う　　② 曇る　　❸ 生じる　　④ 分ける
23）当てる
　① 怪我をする　　❷ 当てる　　③ 守る　　④ 終える
24）必ず
　① もう　　② いま　　❸ 必ず　　④ さっき
25）たまに
　① 最も　　❷ たまに　　③ そのまま・ただ　　④ もっと・さらに
26）まず
　① 何度も　　② ずっと　　③ 急に　　❹ まず
27）ただ
　❶ ただ　　② 早く　　③ 万一・もしも　　④ とても
28）たぶん
　① やはり　　② 互いに　　❸ たぶん　　④ やっと
29）ほとんど
　① 急に　　② さっき　　③ すぐ・まさに　　❹ ほとんど
30）あんなに
　① そのように　　❷ あんなに　　③ あんな　　④ そんな
31）まったく
　❶ まったく　　② しばらく　　③ 熱心に、一生懸命に　　④ 絶対に
32）ひょっとして
　① 一緒に　　② すでに　　❸ ひょっとして　　④ ひとり
33）しょっちゅう
　① 必ず　　② 何度も　　③ いつも　　❹ しょっちゅう
34）いまだに
　① 誰も　　❷ いまだに　　③ 誰でも　　④ はやく
35）だから
　❶ だから　　② だが　　③ しかし　　④ ところで

2 短文の空所補充問題

➡ 問題は52ページへ

※（　　）の中に入れるのに最も適切なものを①～④の中から1つ選びなさい。

1）　今日いい（　　）をたくさん伺いました。
　① 答え　　② 発音　　❸ お話　　④ お名前

2) 休暇の（　　）は立てましたか。
　① 条件　　　　❷ 計画　　　　③ 出発　　　　④ 事実

3) しばし（　　）を閉じて考えてみましょうか。
　① 質問　　　② 頭　　　　③ 理由　　　❹ 目

4) 家を出る前にいつも（　　）を見ます。
　❶ 鏡　　　　② 記憶　　　③ 絵　　　④ 色

5) 文章が難しくて（　　）ができません。
　① 会話　　　② 挨拶　　　❸ 翻訳　　　④ 講義

6) 2日に1回（　　）を洗います。
　① タオル　　❷ 髪　　　③ 石けん　　④ 入浴

7) 小説家になるのが私の（　　）です。
　① 意味　　　② 力　　　③ 壁　　　❹ 夢

8) その歌を聴くと（　　）が出ます。
　① 汗　　　　② 病気　　　❸ 涙　　　④ 鼻水

9) ここはタバコの（　　）がして嫌です。
　❶ 臭い　　　② 条件　　　③ 健康　　　④ 乾杯

10) これはアメリカ文化の（　　）を受けました。
　① 内容　　　❷ 影響　　　③ 演劇　　　④ 方向

11) 部屋が暗くて電気を（　　）。
　① 割りました　② 広げました　③ 消しました　❹ 点けました
　✎ 불을 켜다：電気を点ける、明かりを点ける

12) 形が（　　）違いがよく分かりません。
　① つまらなくて　❷ 似ていて　③ 重くて　④ 忘れてしまって

13) 名前は誰が（　　）くれましたか。
　① 過ごして　② 育って　❸ 付けて　④ 守って

14) 友だちとよく卓球を（　　）行きます。
　❶ しに　　　② 解きに　　③ 勝ちに　　④ 合わせに

15) 1年のあいだに韓国語がとても（　　）。
　① 解けましたね　② 吹きましたね　③ 覚えましたね　❹ 上達しましたね

16) 雨が降っているからタクシーを（　　）。
　① 借りましょうか　❷ 拾いましょうか　③ 出発しましょうか　④ 走りましょうか

17) ここに名前を書いてハンコを（　　）いいですか。
　① 拭けば　　❷ 押せば　　③ もらえば　④ 越えれば

18) お金がたくさん（　　）アメリカへ留学に行きたいです。
　① 増えるけれど　② 借りるけれど　③ かかるけれど　❹ かかるけれど
　✎ 시간이 걸리다：時間がかかる、돈이 들다：お金がかかる

19) その話を聞いて悲しくて涙が（　　）。

❶ 出ました　　　② 治りました　　　③ 感じました　　　④ 落ちました

20) ご飯を（　　）米を買ってきました。

① 立てようと　　❷ 炊こうと　　　③ 作ろうと　　　④ 貼ろうと

21) 眼鏡を（　　）よく見えません。

① かけても　　② しても　　　❸ かけても　　　④ かかっても

✎ 안경을 쓰다：眼鏡をかける、우산을 쓰다：傘をさす、모자를 쓰다：帽子をかぶる、
글을 쓰다：文章を書く、말을 걸다：言葉をかける、전화를 걸다：電話をかける

22) 手を（　　）病院に行きました。

① 幼くて　　　② 勝って　　　③ 痛くて　　　❹ 怪我して

23) この服に（　　）帽子があったら見せてください。

① きれいな　　② 足りない　　❸ 似合う　　　④ 開く

24) 食べ物のにおいが（　　）窓を開けておきましょうか。

① なるので　　❷ するので　　③ 吹くので　　　④ 流れるので

25) 約束を（　　）すみませんでした。

❶ 忘れてしまって　② 失くしてしまって　③ 立ち上がって　④ 間違えて

26) 病気がすっかり（　　）いまは健康です。

① 作って　　　② 横になって　　③ 過ごして　　❹ 治って

27) 明日は10時までに（　　）来なければなりません。

① 本当に　　　② 早く　　　❸ 必ず　　　④ いつも

28) 次は（　　）遅刻してはいけません。

① 必ず　　　❷ 絶対に　　　③ まったく　　　④ そのまま

29) こんなに（　　）訪ねて来てすみません。

① ただ　　　② とても　　　③ 間違えて　　　❹ 突然

30) おなかがお空きでしょう。（　　）召し上がってください。

❶ どうぞ　　　② たぶん　　　③ さっき　　　④ いま・もう

31) 食事する時間も（　　）無いほど忙しかったです。

① やっと　　　② たまに　　　❸ ほとんど　　　④ とても

32) ミンスさんは（　　）図書館で見ました。

① やはり　　　② まだ　　　③ もしも　　　❹ さっき

33)（　　）その日雨が降ったらどうしますか。

① しきりに　　❷ もし　　　③ たぶん　　　④ 一緒に

34) 空港に（　　）到着しましたか。

① たまに　　　② ちょっとの間　　❸ もう　　　④ さらに・もっと

35) 今日の試合は1点差で（　　）勝ちました。

❶ やっと　　　② それで　　　③ しかし　　　④ ただ・そのまま

3 対話文の空所補充問題

➡ 問題は56ページへ

※（　　）の中に入れるのに最も適切なものを①〜④の中から1つ選びなさい。

1) A：（　　）の時間は何時ですか。
　 B：10時です。9時50分にここに集まってください。
　 ① 出身　　　　② 生活　　　　③ 答え　　　　❹ 出発

2) A：この写真の左端に立っている人は誰ですか。
　 B：さあ。（思い）出せませんね。
　 ① 心配　　　　❷ 記憶　　　　③ 順番　　　　④ 計算
　 ✎ 기억：記憶, 기억이 나다：思い出す, 기억이 안 나다：思い出せない
　 このような連語の形でもよく出題される。46ページの4級出題範囲の連語をしっかり覚えておくようにしよう。

3) A：休暇の（　　）は立てましたか。
　 B：まだ何も決めていないです。
　 ① 準備　　　　② 旅行　　　　❸ 計画　　　　④ 予定
　 ✎ 계획을 세우다：計画を立てる

4) A：この白い帽子はどうですか。
　 B：いいですね。でも（　　）違いのものはありませんか。
　 ❶ 色　　　　　② 知識　　　　③ 条件　　　　④ 内容

5) A：いま（　　）を1つしてもいいですか。
　 B：いいですよ。言ってください。
　 ① 返事　　　　② 発表　　　　❸ 質問　　　　④ 説明

6) A：部屋が暗くないですか。
　 B：じゃあ（　　）を点けましょうか。
　 ① 壁　　　　　❷ 明かり・電気　③ 星　　　　④ 船

7) A：お昼を食べに行きましょうか。
　 B：私は（　　）を持ってきました。
　 ① 食事　　　　② コンビニ　　　③ ラーメン　　❹ 弁当

8) A：いまから（　　）合わせをしてみましょうか。
　 B：もう少し時間をください。まだ全部解けていないです。
　 ❶ 答え　　　　② 石　　　　　③ 背　　　　④ 汗

9) A：市場に行って何を買いましたか。
　 B：（　　）を作ろうと思って魚と野菜を買いました。
　 ① 海苔巻き　　❷ おかず　　　③ カルビスープ　④ お菓子

10) A：今回の単語テスト、答えは全部合っていましたか。
　 B：いいえ、5つ（　　）。
　 ① 走りました　② 聞こえました　③ 通じました　❹ 間違えました

11) A:ソウルの天気はどうですか。

B:今日は風も（　　）暖かいです。

① 曇らないで　　② 咲かないで　　❸ 吹かないで　　④ 信じないで

12) A:今日のバレーボールはどうなりましたか。

B:韓国が（　　）。

❶ 勝ちました　　② 守りました　　③ 怪我しました　　④ 失くしてしまいました

13) A:すみません。急に用事が（　　）1時間ほど遅れそうです。

B:大丈夫ですよ。待ちます。

① 流れて　　❷ できて　　③ 残して　　④ 終わって

14) A:寒いからキムチチゲを食べに行きましょうか。

B:私はまだ（　　）ものが食べられません。

① 甘い　　❷ 辛い　　③ しょっぱい　　④ 冷たい

15) A:アルバイトは何をしていますか。

B:中国語を（　　）仕事をしています。

① 心配する　　❷ 翻訳する　　③ 足りない　　④ 手伝う

16) A:このかばんどうですか。

B:いいですね。服と色がよく（　　）。

① 変わります　　② 現れます　　❸ 合っています　　④ 理解できます

17) A:何も食べていないんですか。

B:リンゴを1つ（　　）食べました。

❶ むいて　　② 数えて　　③ 拭いて　　④ 増えて

18) A:このゲームはどのようにやるんですか。

B:ただ音楽に（　　）体を動かせばいいです。

① 表して　　② 戦って　　③ 上げて　　❹ 合わせて

19) A:昨日の試験はどうでしたか。

B:（　　）すべて解きました。とても難しかったです。

① ほとんど　　② たぶん　　❸ やっと　　④ ただ

20) A:あの方はお知り合いですか。

B:いいえ。（　　）知らない人です。

① 絶対に　　② 少しも　　③ たまに　　❹ まったく

21) A:（　　）キムミンスさんではないですか。

B:そうですが、どちら様ですか。

❶ もしかして　　② 万一　　③ やはり　　④ たぶん

22) A:まだ帰らないんですか。

B:明日の朝の会議の準備が終わっていないんです。（　　）帰ってください。

① また　　② ちょっとの間　　❸ 先に　　④ さっき

23）A：そしたらこちらでよろしいですか。

B：あ、ちょっと待ってください。（　　）最初に見たものをください。

① すぐに　　　　❷ やっぱり　　　　③ 本当に　　　　④ ただ

24）A：カラオケには行かないんですか。

B：いいえ、友だちに会ったら（　　）行くことがあります。

① しょっちゅう　② 必ず　　　　③ 何度も　　　　❹ たまに

25）A：（　　）用事ができました。明日の約束の時間を変えられますか。

B：大丈夫ですよ。何時にしましょうか。

① やはり　　　　② やっと　　　　❸ 急に　　　　④ すでに

26）A：少し伺いたいことがあります。今お時間ありますか。

B：もう少しで会議があります。（　　）会議が終わったら私が連絡します。

① ところで　　　② しかし　　　③ だが・だけど　❹ だから

27）A：明日は遅刻してはいけません。

B：心配しないでください。9時までに（　　）行きます。

❶ 必ず　　　　② いつも　　　　③ 本当に　　　　④ もう・すでに

4 語句の置き換え問題

➡ 問題は60ページへ

※ 文の意味を変えずに、下線部の言葉と置き換えが可能なものを①〜④の中から1つ選びなさい。

1）夕食を食べた後に風呂に入ります。

① 日に　　　　② ところに　　　❸ 後に　　　　④ 間に

2）ここに箸がもう1つ要ります。

① 準備します　❷ 足りないです　③ 走ります　　④ 変えます

3）姉は歌手みたいに歌が上手です。

❶ うまく歌います② よく間違えます③ よく流れます　④ よく感じます

4）分からないことがあったら聞いてください。

① 説明してください② 答えてください③ 立ち上がってください❹ 質問してください

5）ミンスさんは30分前に空港へ出発しました。

① 登りました　❷ 出発しました　③ 分けました　④ 行ってきました

6）今日寝坊をして会議に遅刻しました。

① 間違えました② 怪我しました　❸ 遅れました　④ 驚きました

7) 妹が今年中学校に<u>入ります</u>。

    ① 発展します   ② 卒業します   ③ 生活します   ❹ 入学します

8) 私は<u>いつも</u>6時に起きて運動します。

    ❶ いつも   ② たまに   ③ しばらく   ④ 必ず

9) <u>大きい</u>家で暮らすのが夢です。

    ① 明るい   ② 少ない   ❸ 広い   ④ 狭い

10) この問題には<u>合う</u>答えが無いですね。

    ① 失くす   ❷ 正しい   ③ 尋ねる   ④ 間違えた

11) あそこの席が<u>空いています</u>ね。あそこに行って座りましょう。

    ① 準備できましたね ② ありませんね   ③ 見えますね   ❹ ありますね

12) <u>2日後</u>に送るつもりです。

    ❶ あさって   ② おととい   ③ 昨日   ④ 明日

13) 明日の発表の準備は<u>すべてできましたか</u>。

    ① 変えましたか   ❷ 終わりましたか   ③ 決めましたか   ④ 練習しましたか

14) ここに書いてある漢字が<u>1つも</u>読めません。

    ① 絶対に   ② ようやく   ❸ まったく   ④ 少し

15) その日<u>もし</u>雨が降ったらどうしましょうか。

    ① ずっと   ② 間違えて   ③ たぶん   ❹ 万が一

16) この文章の<u>翻訳</u>をお願いします。明日までに<u>できますか</u>。

    ① 答えますか   ❷ 可能ですか   ③ 入ってきますか ④ 返してくれますか

17) 明日は遅刻してはいけません。9時までに<u>必ず</u>来てください。

    ① まず   ② 早く   ③ 最も   ❹ 必ず

第3章　文法と定型表現問題

➡ 解説で取り上げている4級出題範囲の文法事項、あいさつ表現などは次のページの合格資料を参照。

　・不規則活用用言：68ページ・助詞：74ページ・語尾：76ページ・慣用表現：78ページ

　・4級出題範囲のあいさつなどの表現：72ページ

1 用言の基本形問題

➡ 問題は82ページ、4級出題範囲の不規則活用用言は68ページへ

※ 下線部の動詞、形容詞の辞書形（原形・基本形）として正しいものを①〜④の中から1つ選びなさい。

1）　私は甘いものが好きではありません。

　　正解 ❸ 달다 甘い：ㄹ脱落、「달+ㄴ+것→ 다+ㄴ+것→ 단+것」

2）　これとあれは何が違うんですか。

　　正解 ❹ 다르다 違う：르不規則活用、「다르+아요→ 달르+아요→ 달+라요」

3）　今日は夏のように暑かったです。

　　正解 ❹ 덥다 暑い：ㅂ不規則活用、「덥+었어요→ 더+우+었어요→ 더+웠어요」

4）　今日の試合に勝ってとてもうれしかったです。

　　正解 ❶ 기쁘다 うれしい：으脱落、「기쁘+었어요→ 기뻐+었어요→ 기+뻤어요」

5）　明かりを消したので何も見えません。

　　正解 ❹ 끄다 消す：으脱落、「끄+어서→ ㄲ+어서→ 꺼서」

6）　彼の音楽を聴くと元気が出ます。

　　正解 ❸ 듣다 聴く：ㄷ不規則活用、「듣+으면→ 들+으면」

7）　風邪がまだ治っていないので薬を飲んでいます。

　　正解 ❹ 낫다 治る：ㅅ不規則活用、「낫+아서→ 나+아서」

8）　姉に聞けば教えてくれるでしょう。

　　正解 ❸ 묻다 聞く、尋ねる：ㄷ不規則活用、「묻+으면→ 물+으면」

9）　昨日はカラオケに行って歌を歌いました。

　　正解 ❷ 부르다 歌う：르不規則活用、「부르+었어요→ 불르+었어요→ 불+렀어요」

10）お金をためて海外旅行に行こうと思います。

　　正解 ❶ 모으다 ためる：으脱落、「모으+아서→ 모+아서」

11）部屋が暗いので明かりを点けますか。

　　正解 ❹ 어둡다 暗い：ㅂ不規則活用、「어둡+으니까→ 어두+우+니까」

１２）時間がだいぶ経ったので忘れてしまいました。

正解 ❹ 흐르다 流れる・経つ：르不規則活用、「흐르+어서→ 흘르+어서→흘+러서」

１３）久しぶりに中学時代の友だちに会ってうれしかったです。

正解 ❸ 반갑다 うれしい：ㅂ不規則活用、「반갑+었어요→ 반가+우+었어요→
반가+웠어요」

１４）今年の秋に家を建てようと思います。

正解 ❷ 짓다 建てる：ㅅ不規則活用、「짓+으려고→ 지+으려고」

１５）ハンカチがかわいいので1つ買いました。

正解 ❹ 예쁘다 かわいい：으脱落、「예쁘+어서→ 예쁘+어서→ 예뻐+서」

１６）ここまではすべて理解できました。その次が分かりません。

正解 ❹ 알아듣다 理解できる：ㄷ不規則活用、「알아듣+었어요→ 알아들+었어요」

１７）仕事がすべて終わって気持ちが軽くなりました。

正解 ❶ 가볍다 軽い：ㅂ不規則活用、「가볍+어요→ 가벼+우+어요→ 가벼+워+요」

１８）そこまで歩いて行くと20分程かかります。

正解 ❷ 걷다 歩く：ㄷ不規則活用、「걷+어서→ 걸+어서」

１９）うちの兄弟は趣味がまったく違います。

正解 ❸ 다르다 違う：르不規則活用、「다르+아요→ 달르+아요→ 달+라요」

２０）野菜の値段がとても上がって大変です。

正解 ❹ 오르다 上がる：르不規則活用、「오르+아서→ 올르+아서→ 올+라서」

２１）たまに横になって本を読むことがあります。

正解 ❷ 눕다 横になる：ㅂ不規則活用、「눕+어서→ 누+우+어서→ 누+워서」

２２）問題が易しくて試験が早く終わりました。

正解 ❶ 쉽다 易しい：ㅂ不規則活用、「쉽+어서→ 쉬+우+어서→ 쉬+워서」

２３）この薬を飲んだら治るでしょう。

正解 ❸ 낫다 治る：ㅅ不規則活用、「낫+을→ 나+을」

２４）最近忙しくて映画を見る時間がありません。

正解 ❸ 바쁘다 忙しい：으脱落、「바쁘+아서→ 바쁘+아서→ 바+빠서」

２５）バスよりは地下鉄が早いです。

正解 ❷ 빠르다 早い：르不規則活用、「빠르+아요→ 빨르+아요→ 빨+라요」

２６）このおかずは辛くて食べられません。

正解 ❸ 맵다 辛い：ㅂ不規則活用、「맵+어서→ 매+우+어서→ 매+워서」

27）猫に名前を付けてあげました。

　　正解 ❷ 짓다 (名前を) 付ける：ㅅ不規則活用、「짓+어→ 지+어」

28）餅をたくさん食べておなかがいっぱいです。

　　正解 ❹ 부르다 満腹だ：르不規則活用、「부르+어요→ 불르+어요→ 불+러요」

29）毎日歩くと健康にいいです。

　　正解 ❷ 걷다 歩く：ㄷ不規則活用、「걷+으면→ 걸+으면」

30）腰が痛くて病院に行ってきました。

　　正解 ❶ 아프다 痛い：으脱落、「아프+아서→ 아ㅍ+아서→ 아+파서」

31）今度は軽いかばんを買うつもりです。

　　正解 ❷ 가볍다 軽い：ㅂ不規則活用、「가볍+은→ 가벼+우+ㄴ→ 가벼+운」

32）映画を見て悲しくて泣きました。

　　正解 ❹ 슬프다 悲しい：으脱落、「슬프+어서→ 슬ㅍ+어서→ 슬+퍼서」

33）汗が流れたのでタオルで拭きました。

　　正解 ❷ 흐르다 流れる：르不規則活用、「흐르+어서→ 흘르+어서→ 흘+러서」

34）甘味よりは塩味が強いです。

　　正解 ❸ 달다 甘い：ㄹ脱落、「달+ㄴ→ 다+ㄴ→ 단」

35）その話は私も聞きました。

　　正解 ❶ 듣다 聞く：ㄷ不規則活用、「듣+었어요→ 들+었어요」

2 助詞・語尾・慣用表現問題

➡ 問題は86ページ、助詞：74ページ、語尾：76ページ、慣用表現：78ページへ

※（　　）の中に入れるのに適切なものを①〜④の中から1つ選びなさい。

1）　今日は冬（　　）寒いです。
　　① に　　　　　　❷ のように　　　③（人）に　　　④ しか

2）　今日の試験はとても難しくて1問（　　）書けませんでした。
　　①（人）から　　②（人）に　　　❸ しか　　　　④（人）が
　　✎ 対象を表わす「에게/한테/께：（人）に」、出所を表わす「에게서/한테서：（人）か
　　　ら」、主語を表わす「께서：（人）が」は人・動物を表わす名詞にしか結合しないので、同じく
　　　「〜に、〜から、〜が」と訳されるほかの助詞と混同しないように注意しなければならない。
　　　「께, 께서」は敬意を示すべき対象の後で用いられる。

3）　週末に夕飯（　　）一緒に食べましょうか。
　　① より　　　　　② なので　　　　③ から　　　　❹ でも

4) 部長（　　）紹介してくださいました。

❶（人）が（尊敬）　　②で・から　　　③で　　　　　　　　④（人）から

5) このプレゼントは誰（　　）もらったんですか。

①まで　　　　　②から　　　❸（人）から　　　④（人）が（尊敬）

6) それは姉（　　）頼んでおきました。

①（人）に（尊敬）　❷（人）に　　　③（人）から　　　④に

7) あさってから試験（　　）図書館に行って勉強するつもりです。

①（人）から　　　②でも　　　　③でも　　　　❹なので

✎ 에서도의 에서는 장소를 나타낸다.　학교+에서도：学校+でも
　이라도는 용인, 양보를 나타낸다.　영화+라도：映画+でも

8) 本当にこの方法（　　）無いのでしょうか。

①に　　　　　　❷しか　　　　③のように　　　④だけ

9) 夏に韓国に（　　）時、撮った写真です。

①行った　　　②行く　　　❸行った　　　④行く

✎「때」を修飾する連体形語尾は慣用的に「ーㄹ/을」が用いられる。
　・먹+을+때：食べるとき、먹+었+을 때：食べた+とき

10) 風は（　　）暖かいです。

❶吹いていますが　②吹いているので　③吹いたら　　　④吹いて

11) 毎晩寝る（　　）歯を磨きます。

①次に　　　　　②ので　　　　③後に　　　　　❹前に

12) 明日もたぶん雨が（　　）。

①降るつもりです　②降りました　❸降るでしょう　④降ろうとしています

13) 明日は時間が（　　）あさって会いましょう。

①ないけれど　　　❷ないので　　③なくても　　④なくて

✎ ー(으)니까と—어서/아서は両方とも理由、原因を表わす語尾だが、ー아서/어서は勧
　誘文、命令文では使うことができない。
　× 시간이 없+어서 내일 만**납시다.**　○ 시간이 없+으니까 내일 만**납시다.**

14) 海外へ旅行に行くお金を（　　）アルバイトをしています。

❶貯めようと　　　②貯めるけど　　③貯めて　　　④貯めるので

15) 少々お待ちください。リンゴは私が（　　）。

①むきました　②むいてますね　③むいたからです　❹むきます

✎ 語尾「ーㄹ/을게요」は話し手の意志、約束を表明するときに用いられる。

16) もし質問が（　　）私におっしゃってください。

①あるけれど　　②あっても　　❸あったら　　④あるので

17) 空港には10時までに（　　）。

①行ってはいけません　　　❷行かなければなりません
③行ったことがあります　　④行く途中です

第8章

解説編

217

18) A:それは誰から聞いた話ですか。

B:昨日社長（　　）そうおっしゃいました。

❶（人）が（尊敬）②（人）に（尊敬）③（人）から　　④ から

19) A:明日の夕方はどうですか。

B:すみません。私は今日（　　）時間がありません。

① のように　　② より　　③ まで　　❹ しか

20) A:夜にビール（　　）飲みに行きませんか。

B:いいですね。仕事が終わったら電話ください。

① だけ　　❷ でも　　③ なので　　④ で

✎ 에서 (で) は場所、로/으로 (で) は手段・方法・材料・道具などの意を表わす。

21) A:このことはご両親もご存じですか。

B:はい。私が親（　　）全部話しました。

① に　　②（人）から　　❸（人）に（尊敬）④（人）が

22) A:夏休みはどう過ごしましたか。

B:家で本（　　）読んで過ごしました。

① しか　　② でも　　③ より　　❹ ばかり・だけ

23) A:どうしてそんなに元気がないのですか。

B:発表準備のせいで（　　）。

❶ 寝てないんですよ　　② 寝られなかったんでしょう

③ 寝られなくてもいいです　　④ 寝られません

24) A:歯はいつ磨きますか。

B:私は食事を（　　）磨きます。

① するので　　❷ した後に　　③ した結果　　④ したように

25) A:夏休みに何をするつもりですか。

B:友だちと韓国に旅行に（　　）。

① 行く途中です　　② 行ったことがあります

③ 行けばいいです　　❹ 行くつもりです

26) A:一緒にお昼を食べに行きませんか。

B:すみません。私はちょっと前に（　　）。

① 食べるつもりです　　② 食べます

❸ 食べました　　④ 食べますから

27) A:ハンコはどこに（　　）。

B:ここの名前の後に押せばいいです。

① 押したらどうですか　　❷ 押せばいいですか

③ 押すつもりですか　　④ 押してもいいですか

28) A:その仕事はいつから（　　）。

B:来週から始めるつもりです。

❶ 始めますか　　② 始めなければならないですか

③ 始めてもいいですか　　④ 始めればいいですか

3 あいさつなど定型表現問題

➡ 問題は90ページ、4級出題範囲のあいさつなどの表現は72ページへ

※ 次の場面や状況において最も適切なあいさつやあいづちなどの言葉を①～④の中から1つ選びなさい。

1) 相手の労をねぎらうとき。
   ① 行ってきます。 ❷ お疲れさまでした。
   ③ ありがとうございました。 ④ 結構です。/いいです。

2) 寝る前に親にあいさつするとき。
   ① いってらっしゃい。 ② 初めまして。
   ③ 大変お世話になりました。 ❹ おやすみなさい。

3) 相手から感謝されたとき。
   ① もちろんです。 ② 大丈夫です。
   ❸ いいえ。/どういたしまして。 ④ 申し訳ありません。

4) 相手から何かを勧められて断るとき。
   ❶ 結構です。/いいです。 ② さあ…、そうですね。
   ③ すみません。 ④ とんでもないです。

5) 先生に新年のあいさつをするとき。
   ① 大変お世話になりました。 ❷ 明けましておめでとうございます。
   ③ おめでとうございます。 ④ よろしくお願いします。

6) 知り合いに食事をおごってもらった後。
   ① お疲れさまでした。 ② たくさん召し上がってください。
   ❸ ごちそうさまでした。 ④ いただきます。

7) 店で店員さんを呼ぶとき。
   ① ごめんなさい。 ② いえいえ。/どういたしまして。
   ❸ すみません。 ④ ご苦労さまです。
   ✎ 店員さんを呼ぶときは「여기요」のほかに「저기요」という言い方もある。

8) 相手から褒めてもらったことを謙遜して打ち消すとき。
   ① ごめんなさい。 ② お疲れさまでした。
   ③ 結構です。/いいです。 ❹ とんでもないです。

9) 相手を待たせようとするとき。
   ① さあ…、そうですね。 ② 失礼します。
   ③ また会いましょう。 ❹ ちょっとお待ちください。

10) 外出する祖父を見送るとき。
   ① お疲れさまです。 ② それでは、また…
   ❸ 行ってらっしゃい。 ④ さようなら。

11) 相手の考えに賛成するとき。
   ① さあ…、そうですね。 ❷ もちろんです。
   ③ どういたしまして。 ④ お会いできてうれしいです。

12) 朝起きて、祖父母にあいさつするとき。
    ❶ よくお休みになれましたか。   ② いいですか。
    ③ どうですか。   ④ おやすみなさい。

13) 誕生日の人にお祝いを言うとき。
    ① ありがとうございます。   ❷ おめでとうございます。
    ③ 結構です。/いいです。   ④ 明けましておめでとうございます。

14) 忘れていたことをふっと思い出したとき。
    ① 乾杯！   ② そうですよ。
    ❸ あ、そうだ。   ④ その通りです。

15) 自宅に来たお客さんに食事を勧めるとき。
    ① お疲れさまです。   ② いただきます。
    ③ ごちそうさまでした。   ❹ たくさん召し上がってください。

16) お茶を勧められ、断るとき。
    ① 申し訳ありません。   ❷ 結構です。/いいです。
    ③ 分かりません。   ④ さあ。

17) お客さんを迎えるとき。
    ① いかがですか。   ② 行ってらっしゃい。
    ❸ いらっしゃいませ。   ④ いただきます。

18) 人にお世話になったとき。
    ① お疲れさまです。   ② ごちそうさまでした。
    ③ 行ってきます。   ❹ 大変お世話になりました。

19) 即座に答えられないとき。
    ❶ さあ…、そうですね。   ② もちろんですとも。
    ③ そうですよ。   ④ お待ちください。

20) 仕事中の人に声をかけるとき。
    ① お疲れさまでした。   ❷ お疲れさまです。
    ③ ありがとうございました。   ④ どういたしまして。

1 対話文の空所完成問題

➡ 問題は102ページへ

※ 対話文を完成させるのに最も適切なものを①～④の中から1つ選びなさい。

1) A：来月には私も大学を卒業します。

B：もうそんなになりましたか。（　　　）。

A：大学院に行ってもっと勉強をするつもりです。

① では留学は行かないのですか　　② では今年からは授業は無いんですか

③ 大学生活は楽しかったですか　　❹ 卒業した後は何をするつもりですか

2) A：髪型が変わりましたね。

B：はい、暑いので短く切りました。

A：（　　　）。私もそうしたいです。

① 本当に久しぶりです　　　　　　❷ よく似合います

③ よく分かりました　　　　　　　④ 夏だから楽です

3) A：準備はすべて終わりましたか。

B：（　　　）。もう2時間ほどしなければなりません。

A：思ったより時間がたくさんかかりますね。

① 先ほど終わりました　　　　　　② 時間が足りません

❸ まだまだです　　　　　　　　　④ とても人気があります

4) A：（　　　）。

B：はい、今日の卓球の試合で勝ったんですよ。

A：そうなんですか。おめでとうございます。

① 今日が誕生日ですか　　　　　　❷ 何かいいことでもあるんですか

③ 運動が面白いですか　　　　　　④ お姉さんが結婚しましたか

5) A：この漢字はどう読みますか。

B：（　　　）。

A：日本語で漢字を読むのはとても難しいですね。

❶ 私も分かりません　　　　　　　② 辞書を引いてみてください

③ 説明しても分からないでしょう　④ よく聞いてください

6) A：今日は天気がよくないので野球ができませんね。

B：（　　　）

A：いいですね。そうしましょう。

① 雨が降って心配です。　　　　　❷ じゃあ、卓球でもしに行きましょうか。

③ 風がたくさん吹いていますね。　④ じゃあ、タクシーに乗って行きましょうか。

7) A：この帽子どうですか。

B：素敵ですね。（　　　）。

A：色が気に入って買いました。

① 一度脱いでみてください　　　　② 黒い色なので高いです

③ 私もかぶってみます　　　　　❹ 服とよく似合っています

8) A：この建物から本当に海が見えますか。

B：はい、（　　　）。

A：それでは上がってみます。

① 私も分かりませんが、上がってみてください

❷ 7階以上上がれば見えると思います

③ この階段で下りればいいと思います

④ 今は冬なので寒いと思います

9) A：夏休みに中国へ行くのはどうなりましたか。

B：集まって話してみましたが、まだ決まっていません。

A：そうなんですか。（　　　）

① とりあえず飛行機のチケットを買っておきましょうか。

② それでは誰が決めるんですか。

③ その頃は暑くて大変だと思います。

❹ それではどうなるんでしょうか。

10) A：失礼ですが（　　　）。

B：私は六十です。

A：そうですか。私の父と一緒ですね。

① お名前は何とおっしゃいますか　　② ここに何年間住んでいらっしゃいましたか

❸ おいくつでいらっしゃいますか　　④ 私の両親をご存じですか

11) A：朝早く訪ねて来てすみません。

B：いいえ、大丈夫です。何かありましたか。

A：はい、（　　　）。

❶ お願いしたいことがありまして　　② 顔を洗ってから出発しようと思いまして

③ 白い財布をなくしてしまいまして　④ 一緒に朝食が食べたくて

12) A：もしもし。キムスミンです。

B：もしかして風邪を引きましたか。（　　　）。

A：はい、昨日からのどが少し痛いです。

① 早く薬を飲んでください　　　　❷ 声が変ですね

③ しかし食事はしなければなりません　④ でも運動はしなければなりません

13) A : 何かありましたか。とても疲れて見えますね。

B : (　　　)。

A : すべて無事に終わったから早く家に帰って休んでください。

① あまり心配しなくてもいいです　　② 会社で寝るつもりです

❸ 発表準備のせいで寝てないんです　④ 今回の仕事はとても大変でした

14) A : いつソウルに留学に来ましたか。

B : 1年前に来ました。

A : (　　　)。でも韓国語がとても上手ですね。

① 韓国の食べ物が口に合いますか　　② 韓国語の発音が難しいでしょう

③ そんなに長く住んでいましたか　　❹ 1年しか経っていないんですか

15) A : それでは会議を始めましょうか。

B : (　　　)。

A : 時間になったので待たずに始めましょう。

① いま忙しいのでお待ちください　　② 10分ほど遅れると思います

③ みんな集まったから大丈夫です　　❹ まだ3名来ていません

16) A : これは私が作ったおかずです。食べてみてください。

B : (　　　)。これはどうやって作るんですか。

A : それでは今度一緒に作ってみましょう。

① ご飯もあればいいですね

② 甘くて美味しいと思います

❸ 少し辛いけれど、とても美味しいですね

④ 味見をしてもよく分かりません

17) A : 朝から急に鼻水が出てのどが痛いです。

B : 多分風邪でしょう。薬は飲みましたか。

A : (　　　)。

① 先に食事をしなければなりません　　❷ はい、先ほど飲みました

③ いいえ、おなかが痛いからです　　④ はい、まず薬局へ行こうと思います

18) A : おばあさんはおいくつでいらっしゃいますか。

B : (　　　)。

A : そうですか。でもすごくお若く見えますね。

❶ 先月八十になりました　　② 毎日公園に行って歩いています

③ 足が痛くて病院へ行かれました　　④ そんなに心配なさらなくてもいいです

2 文章の内容理解問題

➡ 問題は106ページへ

1 文章を読んで、問いに答えなさい。

　私は今まで知らない単語を調べるときに紙の辞書を利用していました。（　　）いつも紙の辞書をかばんに入れて持ち歩くのは重くて不便でした。そこで少し前から単語を調べるときにはスマートフォンを使って調べています。今は重い紙の辞書を持ち歩きません。スマートフォンだけあればいいのでとても便利です。

【問1】　（　　）に入れるのに適切なものを①〜④の中から1つ選びなさい。
　　　　① だから　　　　　② そして　　　　❸ けれども　　　　④ それなら

【問2】　本文の内容と一致するものを①〜④の中から1つ選びなさい。
　　　　① 単語を撮影して翻訳しようとスマートフォンを買いました。
　　　　② 少し前まではスマートフォンがありませんでした。
　　　　③ いまだに紙の辞書を使っている人はいません。
　　　　❹ いまはスマートフォンを使って単語を調べます。

2 文章を読んで、問いに答えなさい。

　最近眼鏡をかけている子供が多いです。こんなに眼鏡をかけた子供が多いのは以前よりコンピューターとスマートフォンをたくさん利用しているからです。目が悪いといろいろと不便です。そのため目の健康はとても重要です。（　　）たまに目を休ませ、遠いところを見るのも良いです。

【問1】　（　　）に入れるのに適切なものを①〜④の中から1つ選びなさい。
　　　　① 1日に3回時間を決めて　　　　❷ 目を健康にするには
　　　　③ 本を読まないときは　　　　　④ 映画と演劇を見るときでも

【問2】　本文の内容と一致するものを①〜④の中から1つ選びなさい。
　　　　① 目が悪ければ眼鏡をかけなければなりません。
　　　　② コンピューターをたくさん使うと遠い所が見えません。
　　　　❸ 目が良くない子供が多いです。
　　　　④ 眼鏡をかけるといろいろと不便です。

3 文章を読んで、問いに答えなさい。

　初めて会った人と友だちになるのは簡単ではありません。しかし方法がないわけではありません。それは（　　）。人々は自分の話を聞いてくれる人には心を開くからです。またその人の目を見て笑いながら話すのも良いです。

【問1】　（　　）に入れるのに適切なものを①〜④の中から1つ選びなさい。
　　　　❶ 他人の話をよく聞いてあげることです
　　　　② 心が通じる人と会うことです

③ いやな人の話も聞いてみることです
④ 多くの人々と話をすることです

【問2】 本文の内容と一致するものを①〜④の中から1つ選びなさい。
① 目を見ないで話せば失礼になります。
❷ 友だちになるにはその人の話をよく聞いてあげるのがよいです。
③ たびたび会って話せば友だちになります。
④ 友だちになるには自分の話をたくさんしなければなりません。

---

④ 文章を読んで、問いに答えなさい。

　最近の人たちは健康に関心が高いです。それで毎日運動をする人たちもいます。（　　　）あまりにも多く運動をするのは健康によくないです。私たちの体も休む時間が必要だからです。1週間に5日ほど運動して2日は休んだほうが良いです。

【問1】 （　　　）に入れるのに適切なものを①〜④の中から1つ選びなさい。
① だから　　　　　② そして　　　　　③ それで　　　　　❹ しかし

【問2】 本文の内容と一致するものを①〜④の中から1つ選びなさい。
① 2日に1回休んで運動したほうが良いです。
② 毎日続けて運動するのが健康に良いです。
③ 1週間に5回運動する人たちは健康です。
❹ 毎日運動するのが必ずしも健康に良いわけではありません。

---

⑤ 文章を読んで、問いに答えなさい。

　最近料理を習う男性が増えています。夫婦二人とも仕事をするので男性も家で料理をしなければならない場合が多いからです。また料理に関心が高くて料理教室に通う男性もいます。生活に必要で習うのではなく（　　　）習うのです。

【問1】 （　　　）に入れるのに適切なものを①〜④の中から1つ選びなさい。
① ただ時間を過ごそうと　　　　　② いろいろな人と会おうと
❸ ただ料理が好きで　　　　　④ いろいろなおかずを作ってみようと

【問2】 本文の内容と一致するものを①〜④の中から1つ選びなさい。
❶ 家で料理をしなければならない男の人もいます。
② 料理を職業にしようと習う男の人も多いです。
③ 以前は料理教室に通う男の人は多くありませんでした。
④ 最近は一緒に料理を習う夫婦が多いです。

---

⑥ 文章を読んで、問いに答えなさい。

　私の部屋にはいろいろな物が多いです。なぜなら（　　　）。いま使っている机と椅子は20年前に両親が買ってくれたものです。壁にある時計は10年前に私が初めて海外に旅行に行ったときに買ったものです。これらを見ているといろいろなことを思い出します。

【問1】　（　　）に入れるのに適切なものを①～④の中から1つ選びなさい。
　　　　① 物を集めるのが趣味だからです
　　　　② 毎年新しいものを買うからです
　　　　③ プレゼントをたくさんもらったからです
　　　　❹ 私が物をあまり捨てないからです

【問2】　本文の内容と一致するものを①～④の中から1つ選びなさい。
　　　　① 両親は２０年前の机を今も使っています。
　　　　❷ 私は１０年前に初めて海外旅行をしました。
　　　　③ 私は物を買うことが趣味です。
　　　　④ 壁時計は旅行のお土産でもらったものです。

3 対話文の内容理解問題

➡ 問題は110ページへ

➡ 問題は110ページへ

1 対話文を読んで、問いに答えなさい。

スミン：最近どんな本を読んでいますか。
ユ　リ：歴史小説です。私は歴史小説を読むのが趣味なんですよ。
　　　　今日も図書館に行って３冊借りて来ました。
スミン：そんなに面白いですか。私は歴史小説を読んだことがありません。
　　　　いい本があれば（　　　）。
ユ　リ：それでは私が面白く読んだものをご紹介します。

【問1】　（　　）に入れるのに適切なものを①～④の中から1つ選びなさい。
　　　　① 私に貸してください　　　② 私も読んでみなければなりません
　　　　③ 私も面白いでしょう　　　❹ 私にも紹介してください

【問2】　本文の内容と一致するものを①～④の中から1つ選びなさい。
　　　　① スミンは小説に関心がありません。
　　　　❷ ユリが最近読んでいるのは歴史小説です。
　　　　③ スミンは小説を読んだことがないです。
　　　　④ ユリは今日借りた本をすべて読みました。

2 対話文を読んで、問いに答えなさい。

ヘヨン：うちの息子が来月留学から帰って来ます。
ミンス：（　　　）。
ヘヨン：はい、来週大学を卒業するので５年が経ちましたね。
　　　　過ぎてみれば時間が早いです。
ミンス：では、帰って来てから何をしますか。
ヘヨン：帰って来たらすぐ会社に入って働く予定です。

【問1】　（　　）に入れるのに適切なものを①〜④の中から1つ選びなさい。
　　　　① もう卒業しましたか　　　　　② どうして急に帰って来るんですか
　　　　❸ もうそんなになりましたか　　④ 何かありましたか
【問2】　本文の内容と一致するものを①〜④の中から1つ選びなさい。
　　　　① ヘヨンの息子は会社で働いています。
　　　　② ミンスはヘヨンの息子をよく知っています。
　　　　③ ヘヨンの息子は卒業まで1か月残っています。
　　　　❹ ヘヨンの息子は5年前に留学に行きました。

---

③ 対話文を読んで、問いに答えなさい。

ミホ：今日は朝からとても暑いですね。
ユミ：夏のようですね。5月でこんなに暑いことは初めてです。
ミホ：暑いからビールが欲しくなりますね。
ユミ：ビールですか。それじゃあ今日（　　）。
ミホ：いいですね。じゃあ仕事が終わったらすぐ連絡ください。

【問1】　（　　）に入れるのに適切なものを①〜④の中から1つ選びなさい。
　　　　① 他の約束はないですか　　　　❷ 仕事が終わってから飲みに行きましょうか
　　　　③ 全部飲んだらいけませんか　　④ 何時に行くんですか
【問2】　本文の内容と一致するものを①〜④の中から1つ選びなさい。
　　　　❶ 二人はビールを飲む予定です。
　　　　② ミホは暑い夏が好きです。
　　　　③ ユミは暑いので仕事を早く終わらせるつもりです。
　　　　④ ミホが先に行って待つ予定です。

---

④ 対話文を読んで、問いに答えなさい。

ジミン：ユンミさんは誰の歌が好きですか。
ユンミ：私はキムアヨンの歌が好きです。歌を聴いたことがありますか。
ジミン：いいえ、歌は知りませんが、名前は聞いたことがあります。
　　　　最近人気のある若い歌手ですよね。
ユンミ：はい、明るくて力強い声がすごく気に入っています。
ジミン：そうですか。それでは私も一度（　　）。

【問1】　（　　）に入れるのに適切なものを①〜④の中から1つ選びなさい。
　　　　① 訪ねてみます　　　　　　② 歌ってみるつもりです
　　　　❸ 聴いてみたいですね　　　④ 入って行くつもりです
【問2】　本文の内容と一致するものを①〜④の中から1つ選びなさい。
　　　　① 二人は歌を聴いています。
　　　　❷ ジミンはキムアヨンの歌を聴いたことがないです。
　　　　③ ユンミはジミンに若い歌手を紹介しました。
　　　　④ ジミンは歌手の名前を初めて聞きました。

ユギョン：今日の夕方どこで会いましょうか。

ス　ミ：はい？何の話ですか。

ユギョン：（　　　）。今日じゃないんですか。

ス　ミ：あ、ごめんなさい。仕事が忙しくて忘れていました。

　　　　　それじゃあいつもの駅前のコーヒーショップで会いましょう。

　　　　　時間はそのままで大丈夫ですよね。

ユギョン：大丈夫です。ではそこで会いましょう。

【問1】　（　　　）に入れるのに適切なものを①～④の中から1つ選びなさい。

　　　　① 先ほど説明したでしょう

　　　　② 私の話の意味が分からないですか

　　　　③ どうして今まで連絡をしなかったのですか

　　　　❹ 夕飯を食べに行く約束をしたじゃないですか

【問2】　本文の内容と一致するものを①～④の中から1つ選びなさい。

　　　　❶ 二人は一緒に食事をしに行く予定です。

　　　　② ユギョンは約束を忘れていました。

　　　　③ 二人は約束の時間を変えました。

　　　　④ スミはコーヒーショップでユギョンを待つつもりです。

⑥ 対話文を読んで、問いに答えなさい。

ヨ　ン　ミ：わ！ここに登って来るとソウル市内がすべて見えますね。

ユ　ジ　ン：そうでしょう？山が高くてソウルの真ん中にあるからです。

ヨ　ン　ミ：夜に来るとさらに美しいでしょうね。

ユ　ジ　ン：そうです。（　　　）夜にも人がたくさん来ます。

【問1】　（　　　）に入れるのに適切なものを①～④の中から1つ選びなさい。

　　　　① だが、でも　　❷ それで、だから　　③ それでは　　④ ところで

【問2】　本文の内容と一致するものを①～④の中から1つ選びなさい。

　　　　① ユジンはたまに夜にここへ来ます。

　　　　② 二人は夜空を見ています。

　　　　❸ ヨンミはここに初めて来ました。

　　　　④ 二人は山に登ろうとしています。

聞き取り問題解説

1 イラスト問題

➡ 問題は128ページ、台本は186ページへ

※ 質問文と選択肢を2回ずつ読みます。絵を見て、【質問】に対する答えとして
　適切なものを①～④の中から1つ選んでください。

1)　【質問】この人たちは何をしていますか。
　　① 外でサッカーをしています。　　　　　② 3人でバレーボールをしています。
　　③ 2人で卓球をしています。　　　　　　❹ 4人でバスケットボールをしています。

2)　【質問】絵に合う説明は何番ですか。
　　① 二人は互いにあいさつをしています。　❷ 二人は手をつないでいます。
　　③ 男性は眼鏡をかけてズボンを履いています。　④ 女性は髪が長く、スカートをはいています。

3)　【質問】絵に合う説明は何番ですか。
　　① 二人はコンピューターを使っています。　② 二人は会議を開いています。
　　❸ 女性は電話で話しています。　　　　　④ 男性は立って説明しています。

4)　【質問】絵に合う説明は何番ですか。
　　❶ タオルで汗を拭いています。　　　　　② 石けんで顔を洗っています。
　　③ 公園で水を飲んでいます。　　　　　　④ タオルで窓を拭いています。

5)　【質問】絵に合う説明は何番ですか。
　　① 腰が痛くて歩けません。　　　　　　　② 切手を集めています。
　　③ 寝ています。　　　　　　　　　　　　❹ 横になって雑誌を読んでいます。

6)　【質問】絵に合う説明は何番ですか。
　　❶ 2人はお茶を飲んでいます。　　　　　② 2人が立って話をしています。
　　③ 眼鏡をかけた男性が手を上げています。　④ 1人が立って字を書いています。

7)　【質問】女性は何をしていますか。
　　① スプーンを持っています。　　　　　　② 食器を洗っています。
　　❸ 髪を洗っています。　　　　　　　　　④ 旅行の準備をしています。

8)　【質問】絵に合う説明は何番ですか。
　　① 女性は雲を見ています。　　　　　　　② 二人は鳥を撮っています。
　　③ 男性は船に乗っています。　　　　　　❹ 二人は海を見ています。

9)　【質問】絵に合う説明は何番ですか。
　　① 子供の前を犬が走って行きます。　　　❷ 女性は犬と一緒に歩いています。
　　③ 子供が猫と遊んでいます。　　　　　　④ 女性が自転車に乗って通り過ぎています。

10)【質問】この子供は何をしていますか。
　　　① 母親と一緒に階段を上がっています。　　② 母親と一緒に卓球をしています。
　　　❸ 母親と一緒に階段を下りています。　　④ 母親と一緒に手を洗っています。

11)【質問】絵に合う説明は何番ですか。
　　　① 男性は絵を描いています。　　　　　　② 女性は全部で4人います。
　　　③ 男性1人は立ってお茶を飲んでいます。　❹ 女性2人は眼鏡をかけています。

2 単語説明問題

➡ 問題は136ページ、台本は187ページへ

※ 短い文と選択肢を2回ずつ読みます。文の内容に合うものを①〜④の中から1つ選んでください。

1) 歌を歌うことが職業の人です。
　　① 部長　　　　② 教授　　　　③ 選手　　　　❹ 歌手

2) 生活に必要なものを売っている店です。
　　① 銀行　　　　❷ コンビニ　　③ 公園　　　　④ 保育園

3) 中国の文字をこのように言います。
　　① 問題　　　　② 学年　　　　❸ 漢字　　　　④ 文化

4) 顔を洗うことをこのように言います。
　　❶ 洗顔　　　　② タオル　　　③ 風呂、入浴　　④ 苦労

5) ご飯はこれと一緒に食べます。
　　① 菓子　　　　❷ おかず　　　③ 唐辛子　　　④ 箸

6) 仕事が始まる時間に遅れることをこのように言います。
　　① 財布　　　　② 順番　　　　❸ 遅刻　　　　④ 初級

7) 知らない単語があればこれで調べます。
　　❶ 辞書　　　　② 事実　　　　③ 社長　　　　④ 写真

8) 手を洗う時これを使います。
　　① 番号　　　　② 雨水　　　　③ 冷水　　　　❹ 石けん

9) 大学で教える人をこのように呼びます。
　　① 部長　　　　❷ 教授　　　　③ 選手　　　　④ 歌手

10) 外国から勉強しに来た人をこのように言います。
　　❶ 留学生　　　② 皆さん　　　③ 卒業生　　　④ 外国人

11) 本を読むことです。
　　① 到着　　　　② 返事・答え　❸ 読書　　　　④ カレンダー

12) 建物に入る所です。
　　① 入学　　　　② 出口　　　　③ 出身　　　　❹ 入口

13) 食べ物を作る所です。
　　① 冷麺　　　　❷ 台所　　　　③ 店　　　　④ 北

14) 学期を終えて学校が休むことを言います。
　　① 方向　　　　② 休暇　　　　❸ 学校の長期休暇　④ 新年

15) 父と母をこのように言います。
　　❶ 両親・父母　② 奥さん　　　③ 主婦　　　④ 部長

16) キムチはこれで作ります。
　　① 豆腐　　　　② 牛肉　　　　③ 魚　　　　❹ 白菜

17) 中学校を卒業した後に行くところです。
　　① 大学　　　　❷ 高校　　　　③ 小学校　　④ 大学院

18) 建物から出るところを言います。
　　① 階段　　　　② 窓　　　　　❸ 出口　　　④ 卒業

19) 日付と曜日が書いてあります。
　　① 約束　　　　② 字・文字　　③ 教科書　　❹ カレンダー

20) 他の国から来た人です。
　　❶ 外国人　　　② 卒業生　　　③ 皆さん　　④ 子供

21) 親と兄弟をこのように言います。
　　① 夫婦　　　　② 息子　　　　❸ 家族　　　④ 大人

22) 友だちと杯を持ってこのように言います。
　　① その通りです　❷ 乾杯　　　③ 食器　　　④ もちろんですとも

23) 学校で教える人です。
　　① 小説家　　　② 選手　　　　③ 医者　　　❹ 教師

24) 手を洗った後にこれで拭きます。
　　① 紙　　　　　② 石けん　　　❸ タオル　　④ 冷水

25) 韓国ではスープを食べるときにこれを使います。
　　❶ スプーン　　② 木　　　　　③ 食器　　　④ 指

26) 明日の次の日をこのように言います。
　　① もしも　　　② その日　　　③ おととい　❹ あさって

27) 妻と夫をこのように言います。
　　① 夫人・奥さん　② 両親　　　❸ 夫婦　　　④ 主婦

28) 他の国の言葉でできた文章を自分の国の言葉に変えて書くことを言います。
　　① 例文　　　　❷ 翻訳　　　　③ 練習　　　④ 外国語

29) お金をここに入れて持ち歩きます。
　　❶ 財布　　　　② 地図　　　　③ 靴下　　　④ 下着

30) 兄と弟をこのように言います。
　　① みなさん　　❷ 兄弟　　　　③ 大人　　　④ 子供

31) 目が悪いとこれをかけます。
　　① 傘　　　　　② 石けん　　　③ 薬　　　　❹ 眼鏡

3 応答文選択問題

➡ 問題は140ページ、台本は189ページへ

※ 問いかけなどの文を2回読みます。その応答文として適切なものを①〜④の中から
　1つ選んでください。

1) 発表の準備は全部出来ましたか。
　　① いいえ、まだ到着していません。　　　② はい、今回はとても大変でした。
　　❸ いいえ、もう少しで終わります。　　　④ そうですね。私も分かりません。

2) 英語が本当にお上手ですね。
　　① もちろんです。外国語は本当に大変です。　❷ とんでもないです。まだまだです。
　　③ ごめんなさい。発音を間違いました。　　④ だからいつも覚えなければなりません。

3) 保育園までどう行けばいいですか。
　　① まだ授業が終わっていないと思います。　② 道が狭くて自転車はだめです。
　　③ 地下鉄のほうがバスよりもっと早いです。　❹ あそこのコンビニで左側の道へ行ってください。

4) 風邪は完全に治りましたか。
　　❶ いいえ、まだ喉が少し痛いです。　　　② はい、足は完全に治りました。
　　③ いいえ、腰が痛くて座ることができません。④ はい、おなかはもう大丈夫です。

5) こんなにたくさん料理を作ったんですか。一人で大変だったでしょう。
　　① はい、2日前から練習をしたんですよ。　❷ いいえ、妹が来て手伝ってくれました。
　　③ 私が方法をお教えしますよ。　　　　　④ これはそんなに難しい問題ではありません。

6) 出口はどちらですか。
　　① 北のほうへ行くと入口が見えます。　　② 遠くないから歩いて行ってください。
　　③ 右側にかかっています。　　　　　　　❹ あちらに見えるドアです。

7) 会社ですか。今日は日曜日じゃないですか。
　　① さあ、忙しくて曜日も分かりません。　② 日曜日にも遊びに行く人が多いです。
　　❸ うちの会社は水曜日が休日です。　　　④ そうですか。私がカレンダーを見ないで出てきましたね。

8) 金曜日の夕方に演劇を見に行きましょうか。
　　① ごめんなさい。見る時間がなかったです。② 食事を先にして見たほうがいいです。
　　③ もうそれを見ましたか。　　　　　　　❹ いいですよ。何かいいものがありますか。

9) この漢字、どのように読みますか。
　　❶ さあ、私もよく分かりません。　　　　② その通りです。そのように発音すればいいです。
　　③ それは本当に難しい字です。　　　　　④ 辞書にすべて出ています。

10) 何を注文しましょうか。
　　① 私も同じものをください。　　　　　　② 傘を買ったほうがいいです。
　　❸ 私は辛いものが食べたいです。　　　　④ サッカーをしに行きましょう。

11) 顔色がよくないですね。どこか具合が悪いですか。
　　① はい、足が痛くて遠くまでは行けません。❷ いいえ、昨夜寝ていないからです。

③ はい、薬を飲んでもなかなか治りません。　④ いいえ、仕事が忙しくて病院に行けなかったです。

12）結婚式の日取りは決めましたか。
　　① いいえ、まだ彼女がいないんですよ。　　② はい、来年は何の問題もありません。
　　③ いいえ、来年は忙しくてだめです。　　❹ はい、来月の31日にするつもりです。

13）腰が痛いのはどうですか。
　　① 良い薬がほとんどないですね。　　❷ はい、もうすっかり治りました。
　　③ 足はもう元気です。　　④ はい、いつも痛いから大丈夫です。

14）週末に演劇を見に行きましょうか。
　　❶ 私は週末は家で休みたいです。　　② そうしましょう。お見せしましょう。
　　③ その日は家にいるから遊びに来てください。　　④ いいですね。私も行って見て来ます。

15）この色が気に入りました。
　　① では、別のものをお見せしましょうか。　　② 本当にこれで大丈夫ですか。
　　❸ では、これになさいますか。　　④ 本当に私も気持ちが軽やかですね。

4 文の内容一致問題

→ 問題は144ページ、台本は191ページへ

※ 文章もしくは対話文を2回読みます。その内容と一致するものを①～④の中から
　1つ選んでください。

1）去年からYouTubeを利用して韓国料理を習っています。うまくはないですが、いろいろな韓
　国料理を作って食べるのが楽しいです。
　正解 ❹ 去年から韓国料理を習っています。

2）最近はインターネットさえできれば紙の地図が要りません。インターネットで住所と店の名
　前を調べると経路を教えてくれるので楽です。
　正解 ❹ インターネットで店への経路が検索できます。

3）私は会社から近いところに住んでいるので毎日歩いて通っています。以前は会社まで1時
　間以上かかるところに住んでいたのでとても大変でした。
　正解 ❷ 以前は会社から遠いところに住んでいました。

4）私は今ソウルに留学中です。来週は友だちが休みを利用してソウルに来る予定です。一緒
　にソウル市内を見て回って美味しいものを食べるつもりです。
　正解 ❶ 今ソウルで暮らしています。

5）昨日の夕方久しぶりに大学時代の友だちと会ってお酒を飲みました。卒業してから初めて会
　う友だちもいました。今日は寝坊をしたので、朝食も食べないで会社へ行きました。
　正解 ❸ 昨日は大学時代の友だちと会いました。

6）私は去年大学を卒業して、今年アメリカに留学に来ました。まだ授業を英語で聞いて文章
　を書くのが大変ですが、一生懸命努力するつもりです。
　正解 ❷ 留学する前に大学を卒業しています。

7)　私は兄弟が3人ですが、2人の兄は結婚をして、別の所に住んでいます。だから家には両親と私しかいません。
　　正解 ❹ 私は親と一緒に住んでいます。

8)　私は大学時代に夏休みを利用して、韓国語を学びに2か月間ソウルへ行ったことがあります。あの時出会った韓国の友だちとは今も1年に1回ぐらい会っています。
　　正解 ❸ 大学時代にソウルで韓国語を学んだことがあります。

9)　私は切手を集めるのが趣味です。同じ趣味を持った友だちといつも切手の話をします。友だちは外国の切手のことをよく知っています。
　　正解 ❶ 友だちは切手を集めることが趣味です。

10)　試着してみて気に入られたらおっしゃってください。色は別のものもございます。
　　正解 ❷ 着てみるように勧められています。

11)　女：いつ見てもお元気ですね。
　　　男：毎朝早く起きて走るんですよ。ミンジさんはどんな運動をしていますか。
　　　女：運動ですか。私は何もしていません。
　　正解 ❹ 男性は毎朝運動をしています。

12)　女：おなかが空いているならまずこれをちょっと召し上がってください。
　　　男：先ほどパンを食べたので大丈夫です。
　　　女：そうですか。それでは、どうぞお茶でも召し上がってください。
　　正解 ❸ 男性はおなかが空いていません。

13)　男：英語も上手だし、中国語もとても上手ですね。どこで学びましたか。
　　　女：イギリスで3年、中国で5年暮らしたんですよ。
　　　男：私も外国で暮らしてみたいですね。
　　正解 ❷ 女性は2つの外国語が話せます。

14)　男：漢字テストはうまく行きましたか。
　　　女：はい、思ったより易しかったです。
　　　男：私は難しくて半分しか書けなかったです。
　　正解 ❹ 二人は漢字テストの話をしています。

15)　女：お疲れのようですね。最近忙しいですか。
　　　男：はい、仕事が多くて毎日夜遅くまで仕事をしています。
　　　女：そんなに仕事ばかりしていてはだめですよ。疲れたときは少し休んでください。
　　　男：私もそうしたいですが、時間がないので。
　　　女：じゃあ、全部一人でしないで手伝ってくれる人を探してみてください。
　　正解 ❷ 男性は休む暇がないほど忙しいです。

16)　女：どこに行くんですか。授業は終わりましたか。
　　　男：はい、先ほど終わりました。本を借りに図書館に行こうと思って。
　　　女：私もそこへ行くところです。
　　　男：本を借りるんですか。
　　　女：いいえ、宿題をして帰ろうと思っています。
　　正解 ❸ 二人とも図書館に向かっています。

17) 女：この靴はどうですか。

男：他の色はありませんか。この色は私にはあまり似合わないので。

女：では、黒い色はいかがですか。

男：それはいいですね。履いてみてもいいですか。

女：はい、少々お待ちください。お持ちします。

正解 ❹ 女性は最初黒でない靴を勧めました。

18) 女：週末は何をしますか。

男：バスケットボールが好きなので友だちとバスケットボールをすることが多いです。
　　ミニョンさんは好きなスポーツがありますか。

女：私は自分がするより見るのが好きです。

男：そうですか。どんなスポーツを見るのが好きですか。

女：私はバスケットボールもバレーボールもサッカーもスポーツはすべて好きです。

正解 ❶ 女性はいろいろなスポーツを見るのが好きです。

5 対話文の内容理解問題

➡ 問題は150ページ、台本は192ページへ

※ 対話文を2回読みます。引き続き選択肢も2回ずつ読みます。【質問】に対する答えとして適切なものを①～④の中から1つ選んでください。

1) 女：もしもし？ スミンさん？ 今どこにいますか。

男：私、いま学校にいます。

女：学校ですか。どうして学校にいるんですか。
　　私はいま劇場の前で20分以上待っています。

男：約束の時間は6時ではなかったですか。

女：いいえ。5時と言ったじゃないですか。

【質問】女性はなぜ電話をしましたか。

① 約束の時間を変えようと電話をしました。

② 男性が心配になって電話しました。

❸ 男性が来ないので電話しました。

④ 男性に道を教えてあげようと電話しました。

2) 男：ミヨンさんの結婚式は3時ですよね。もう出発しなければなりませんね。

女：はい。ところでどうやって行きましょうか。バスで行きましょうか。

男：バスは座って行くので楽ですが、時間がとてもかかります。

女：では地下鉄で行きましょう。

男：そうしましょう。早くて時間に遅れないので良いです。

【質問】二人はこの後何をするでしょうか。

① バスに乗るつもりです。

② 結婚のプレゼントを買うつもりです。

③ 3時に出発するつもりです。

❹ 結婚式に行くつもりです。

3）女：声がまだよくないですね。

男：はい。薬を飲みましたが、なかなか治りません。

女：病院には行ってみましたか。

男：いいえ。薬を飲んで少し休めば大丈夫だと思います。

女：でも、なかなか治らないから早く病院に行ってみたほうがいいと思いますよ。

【質問】対話の内容と一致するものはどれですか。

① 女性はのどが痛いです。

❷ 男性は病院に行っていません。

③ 女性は男性の妻です。

④ 男性は薬局にいます。

4）女：韓国にはどんなお仕事で来られましたか。

男：私は韓国料理を習いに来ました。

日本でも1年ぐらい習いましたが、もっと習いたかったからです。

女：私は韓国語を勉強しに来ました。

勉強が終わったら韓国の会社で働きたいです。

男：私は日本に帰って韓国料理店を開くのが夢です。

女：それはすばらしい夢ですね。

【質問】男性が韓国に来た理由は何ですか。

① 韓国の会社で働こうと思って来ました。

❷ 韓国料理を習おうと思って来ました。

③ 韓国で飲食店を開こうと思って来ました。

④ 韓国語を学ぼうと思って来ました。

5）女：この映画見ましたか。本当に面白いです。

男：あ、この映画ですか。私はちょっと時間が経ってから家で見ようと思っています。

女：この映画は映画館で見たほうがいいです。そうしないと面白くないですよ。

男：そうですか。では、私も（映画館に）行って見たいですね。

女：今月末までの上映なので2週間しかありません。

【質問】対話の内容と一致するものはどれですか。

❶ この映画は映画館で見たほうがいいです。

② この映画は今年最も人気のあるものです。

③ この映画は今月の20日まで（上映）します。

④ 映画は家で一人で見たほうがいいです。

6）男：今週末は何をしますか。

女：ただ家で休もうと思っています。

男：見たい演劇が一つあります。一緒に見に行きませんか。

女：いいですよ。ところで、演劇のタイトルは何ですか。

男：「風と星」です。

女：それですか。私はもう見ましたよ。

【質問】対話の内容と一致するものはどれですか。

① 二人は週末に会う予定です。

② 女性はすでにその映画を見ました。

❸ 男性は「風と星」が見たかったです。
④ 女性は週末家で休みました。

7）男：休みの間、何をしましたか。
　　女：休みが短くてどこにも行けずに家で休みました。
　　　　スミンさんはどのように過ごしましたか。
　　男：私は休みが来月です。
　　女：何かよい計画でもありますか。
　　男：いま仕事が忙しいのでただ家で休みたいです。

【質問】女性はなぜ休みの時に外出しなかったのですか。
　　① 疲れていたので家で休みました。
　　② 仕事が忙しくて旅行に行けなかったです。
　　③ 休みの時は人が多いのでどこにも行かなかったです。
　　❹ 休みが長くないので家にいました。

8）女：土曜日にも会社に行くのですか。
　　男：いいえ、中国語の辞書が必要なので本屋へ行くところです。
　　女：中国語の辞書ですか。中国語を勉強しているのですか。
　　男：はい、会社の仕事に必要で先月から勉強しています。
　　女：仕事もしなければならないし、外国語も勉強しなければならないし、忙しいですね。

【質問】対話の内容と一致するものはどれですか。
　　① 男性は中国語の勉強を始めるつもりです。
　　② 男性は先月から中国で働いています。
　　③ 女性は男性と辞書を買いに来ました。
　　❹ 男性は1か月前から中国語の勉強を始めました。

9）女：すみません。このミカンはいくらですか。
　　男：それは3500ウォンです。
　　女：このリンゴは（いくらですか）。
　　男：それは1個1000ウォンです。
　　女：それでは、このミカン1つとリンゴを2つください。

【質問】女性はいくら払えばいいですか。
　　❶ 5500ウォン　② 4500ウォン　③ 6200ウォン　④ 4200ウォン

第1回 模擬試験 聞き取り問題

➡ 問題は156ページ、台本は195ページへ

---

1 質問文と選択肢を2回ずつ読みます。絵を見て、【質問】に対する答えとして適切なものを①〜④の中から1つ選んでください。

1)【質問】女性は何をしていますか。

    ❶ 信号の前で待っています。   ② 子供と外国語を学びに行きます。

    ③ タクシーを止めようとしています。   ④ 階段を上がっています。

2)【質問】絵に合う説明は何番ですか。

    ① コーラを飲んでいます。   ② ビールを注文しています。

    ❸ 乾杯をしています。   ④ 左手を上げています。

3)【質問】絵に合う説明は何番ですか。

    ① おじいさんは帽子を手に持っています。   ② 子供がおじいさんと一緒に歩いています。

    ③ おばあさんとおじいさんが話をしています。   ❹ 子供がおじいさんにあいさつをしています。

---

2 短い文と選択肢を2回ずつ読みます。文の内容に合うものを①〜④の中から1つ選んでください。

1) 顔を洗った後にこれで自分の顔を見ます。

    ① 眼鏡   ② テレビ   ③ 切手   ❹ 鏡

2) 9人と9人が分かれてするスポーツです。

    ① 卓球   ❷ 野球   ③ バスケットボール   ④ サッカー

3) 初めてのところを訪ねていく時はこれを見ます。

    ① カレンダー   ② 絵   ❸ 地図   ④ 旅行

4)「必ず」と同じ意味の言葉です。

    ❶ 必ず   ② いつも   ③ 本当に・とても   ④ すぐに・まもなく

---

3 問いかけなどの文を2回読みます。その応答文として適切なものを①〜④の中から1つ選んでください。

1) 留学の準備はすべて終わりましたか。

    ① はい、結婚して住む家も用意しました。

② いいえ、外国には1回も行ったことがありません。

❸ はい、もう出発する日を待つだけです。

④ 留学に来てもう1か月が過ぎましたね。

2) 今日は本当にご苦労さまでした。

　① たくさん間違えて申し訳ありません。　　② それじゃ明日また会いましょう。

　③ よろしくお願いします。　　❹ とんでもないです。

3) 日本語は何がいちばん難しいですか。

　① 韓国語より発音が易しいです。　　② まだ日本語が下手です。

　❸ 漢字を読んで書くことです。　　④ 私もそんな話を聞いたことがあります。

4) 今日お昼はどうしますか。

　① 最近は毎日辛いものばかり食べました。　　❷ 私は弁当を持って来ました。

　③ そこはおかずが本当においしいです。　　④ こんなに暑い日は冷麺がいいです。

5) もしもし、ちょっと社長に代わってください。

　① それでは午後2時にまた来てください。

　② それでは私に電話番号を教えてください。

　❸ いま席を外しております。どなた様でしょうか。

　④ 音がよく聞こえますからおっしゃってください。

---

4 文章もしくは対話文を2回読みます。その内容と一致するものを①〜④の中から
1つ選んでください。

1) 私は大学1年生の時から飲食店でアルバイトをしています。アルバイトを通じて多くのこと
を学びました。
　正解 ❸ アルバイトを通じて学んだことが多くあります。

2) 私は夕方、公園へ行って走る運動をしています。運動が終わると家に帰って来て、風呂に
入ってから夕飯を食べます。
　正解 ❷ 夕食を食べる前に風呂に入ります。

3) 1週間前に足を怪我して今も病院で横になっています。早く治ってまた運動もし、美味しい
ものも食べたいです。
　正解 ❹ まだ足の怪我が治っていません。

4) 男：その話はどこで聞きましたか。
　女：友だちから聞きました。最初は信じられなかったです。
　男：私もそうです。とても驚きました。
　正解 ❸ 女性もすでにその話を知っていました。

5）女：この字はどのように読みますか。
　　　男：私も分かりません。
　　　女：日本の漢字はとても難しいですね。
　　　男：文字は1つだけど、いろいろと読めますから。
　　　女：何かいい方法はないでしょうか。
　　　正解 ❹ 女性は漢字の読み方に悩んでいます。

5 対話文を2回読みます。引き続き選択肢も2回ずつ読みます。【質問】に対する答えと
　　して適切なものを①～④の中から1つ選んでください。

1）男：どんな運動をしていますか。
　　　女：去年からテニスをしています。ヨンミンさんもテニスをしますか。
　　　男：いいえ。僕は一度もやったことがありません。
　　　女：そうですか。一度習ってみますか。私が教えてあげますから。
　　　男：いいですよ。今週の土曜日に時間があるから教えてください。
　【質問】 男性は週末に何をするでしょうか。
　　　① 女性と一緒にテニスを習うつもりです。
　　　❷ 女性とテニスをするつもりです。
　　　③ 女性と一緒にテニスを見るつもりです。
　　　④ 女性にテニスを教えてあげるつもりです。

2）女：眼鏡を作りに来ました。
　　　男：あ、はい。いまは眼鏡をかけていらっしゃいませんか。
　　　女：はい。まだ一度もかけていません。字がよく見えないのでかけてみようと思いまして。
　　　男：それでは、先に眼鏡をご覧になってお気に入ったものがあればおっしゃってください。
　　　女：はい、分かりました。
　【質問】 対話の内容と一致するものはどれですか。
　　　① 女性は眼鏡店で働いています。　　　② 男性は眼鏡を初めて買いました。
　　　③ 男性は今は眼鏡をかけていません。　　❹ 女性は眼鏡をかけたことがありません。

3）女：最近なかなか眠れません。何かいい方法はないでしょうか。
　　　男：私は寝る前に運動をします。そうするとよく眠れます。
　　　女：どんな運動をしますか。
　　　男：部屋の中でする軽い運動です。
　　　　　私が方法を教えてあげましょう。一度やってみてください。
　　　女：ありがとうございます。私も今日からやってみます。
　【質問】 対話の内容と一致するものはどれですか。
　　　① 女性はよく眠れる方法を教えます。
　　　② 男性は眠れないと運動をします。
　　　❸ 女性は今日運動をしようと思っています。
　　　④ 男性と女性は一緒に運動をするつもりです。

第1回 模擬試験 筆記問題

→ 問題は163ページへ

1 発音どおり表記したものを①〜④の中から1つ選びなさい。

1) **正解** ❸ 짧고[짤꼬] 短くて：語幹のパッチム「래, 꾜」の後に結合する語尾の初声「ㄱ、ㄷ、ㅅ、ㅈ」は濃音で発音する。「짧+고→ 짤+고→ 짤+꼬」と音変化。

2) **正解** ❶ 옛날보다[옌날보다] 昔より：「ㄷ+ㄴ→ ㄴ+ㄴ」の鼻音化で「옛+날보다→ 옏+날보다→ 옌+날보다」と音変化。

3) **正解** ❷ 졸업하면[조러파면] 卒業すれば：連音化+激音化で「졸+업+하면→ 조+럽+하면→ 조+러+파+면」と音変化。

4) **正解** ❹ 코 밑이[코미치] 鼻の下が：「ㅌ+이 → 치」と口蓋音化。

2 次の日本語の意味を正しく表記したものを①〜④の中から1つ選びなさい。

1) **正解** ❸ 文化：문화
2) **正解** ❷ 違います：틀려요
3) **正解** ❹ 計画：계획
4) **正解** ❸ 広いです：넓어요

3 次の日本語に当たるものを①〜④の中から1つ選びなさい。

1) 鏡
  ① 建物　　② 石けん　　③ 故郷　　❹ 鏡
2) 昨年
  ① 今年　　❷ 昨年　　③ あさって　　④ おととい
3) 似ている
  ① 変える　　② 呼ぶ　　❸ 似ている　　④ 過ごす
4) やっと
  ① ほとんど　　② 急に　　③ 多分　　❹ やっと
5) あらゆる
  ① または　　❷ あらゆる　　③ あんな　　④ 絶対に

4 （　　）の中に入れるのに最も適切なものを①〜④の中から1つ選びなさい。

1) 後ろに行って（　　）を守ってください。
  ① 返事　　❷ 順番　　③ 理由　　④ 発表
2) 昨夜船に乗る夢を（　　）。
  ① 見えました　　② 覚めました　　③ 見ました　　❹ 見ました
  ✎「夢を見る」は「꿈을 꾸다」と言う。「꿈을 보다」とは言わないので注意。
3) 名前を書いてから（　　）ハンコを押してください。
  ① ほとんど　　❷ 必ず　　③ 最も　　④ まったく、全然

第8章 解説編

241

5 （　　　）の中に入れるのに最も適切なものを①～④の中から1つ選びなさい。

1）A：明日どこで会いましょうか。
　　B：夕方の6時にデパートの（　　　）で会いましょう。
　　① 台所　　　　　　　❷ 入口　　　　　　　③ サッカー　　　　④ 建物
2）A：タバコは吸わないんですか。
　　B：はい、健康にもよくないし、値段も上がったので（　　　）。
　　① 終えました　　　② 終わらせました　③ なくしました　　❹ やめました
　　✎ タバコをやめる：담배를 끊다
3）A：おなかが空いているでしょう。早く食事を用意しますね。
　　B：いいです。（　　　）パンを食べて来たので。
　　① 早く　　　　　　　② いま　　　　　　　❸ さっき　　　　　④ まず

6 文の意味を変えずに、下線部の言葉と置き換えが可能なものを①～④の中から1つ選びなさい。

1）あの韓国映画に出る言葉をすべて理解しましたか。
　　① 聞こえましたか　② 翻訳しましたか　③ 覚えましたか　❹ 理解しましたか
　　✎ 알아듣다：①理解する、②聞き取る
2）これはどういう意味ですか。
　　① 様子、形　　　　❷ 意味　　　　　　③ 理由　　　　　　④ 影響

7 下線部の動詞、形容詞の辞書形（原形・基本形）として正しいものを①～④の中から1つ選びなさい。

1）やっと風邪が完全に治りました。
　　正解 ❷ 낫다 治る：ㅅ不規則活用
2）時間が経っても忘れられません。
　　正解 ❸ 흐르다 流れる、経つ：르不規則活用
3）かばんが重いので肩が痛いです。
　　正解 ❹ 무겁다 重い：ㅂ不規則活用
4）海外旅行に行こうと思って、アルバイトをしてお金をためました。
　　正解 ❷ 모으다 ためる、集める：으脱落
5）風が吹いて帽子をかぶることができません。
　　正解 ❶ 모자를 쓰다 帽子をかぶる：으脱落
　　✎ 「쓰다」はほかに次の意味でも使われる。①名前を書く：이름을 쓰다、②傘をさす：
　　　우산을 쓰다、③お金を使う：돈을 쓰다、④眼鏡をかける：안경을 쓰다

8 （　　　）の中に入れるのに適切なものを①～④の中から1つ選びなさい。

1）この料理はおばあさん（　　　）教えてくださいました。
　　① （人）に（尊敬）② （人）に　　　　❸ （人）が（尊敬）④ （人）から
　　✎ 大問8に出てくる助詞、語尾、慣用表現については、74～81ページの「4級出題範囲の助
　　　詞」、「4級出題範囲の語尾」、「4級出題範囲の慣用表現」を参照。

2) 電話番号を（　　）連絡もできなかったです。
　　① 知らなければ　　② 知らなくても　　③ 知らなかったが　❹ 知らなくて

3) A：明日の会議の準備は終わりましたか。
　　B：午前中は仕事が忙しくて少し（　　）出来ませんでした。
　　　　今、している途中です。
　　① なので　　　　　② でも　　　　　❸ しか　　　　　④ まで

4) A：食事をしてから映画を見ましょうか。
　　B：時間がないから映画を（　　）食べましょう。
　　❶ 見た後に　　　② 見ないで　　　③ 見たあげく　　④ 見るときに

---

⑨ 次の場面や状況において最も適切なあいさつやあいづちなどの言葉を①～④の中から1つ選びなさい。

1) 知り合いの子供が結婚するとき。
　　① はじめまして。　　　　　　　② ありがとうございます。
　　③（お会いできて）嬉しいです。　❹ おめでとうございます。
　　✎ あいさつ表現については、72ページの「4級出題範囲のあいさつなどの表現」を参照。

2) 娘が学校に行く際に母親にあいさつするとき。
　　① お疲れさまです。　　　　　❷ 行ってきます。
　　③ 行ってらっしゃい。　　　　④ さようなら。

---

⑩ 対話文を完成させるのに最も適切なものを①～④の中から1つ選びなさい。

1) A：駅から出発する時に連絡ください。
　　B：（　　　　）。
　　A：では、そこで待っています。
　　① 待たないでください　　　　② 忘れてはいけません
　　③ 私が電話しました　　　　　❹ そうします

2) A：発表の順番を変えてもいいですか。
　　B：（　　　　）。いつがいいですか。
　　A：来週の月曜日にしてほしいです。
　　❶ はい、大丈夫です　　　　　② 今週は大丈夫です
　　③ あさってはだめだと思います　④ いいえ、変えられません

3) A：この英単語はどういう意味ですか。
　　B：私も分かりません。（　　　　）。
　　A：はい、家に置いて来たんですよ。
　　① これ誰が書いたものですか　　② この単語は初めて見ましたか
　　❸ 辞書は持って来なかったんですか　④ 字がどうしてこんなに小さいのですか

4) A：図書館でなくしたかばんを探しに来ました。
　　B：（　　　　）。

A：色は黒色で、辞書のように小さいものです。

① いつなくしましたか　　　　　❷ どのような形のものですか

③ 誰がなくしましたか　　　　　④ どうやってここを知りましたか

---

[11] 文章を読んで問いに答えなさい。

　家の近くに大きなコンビニができました。このコンビニは24時間営業をして、品物も安いです。そして（　　　　　）子供がいる人たちもショッピングするのに便利です。インターネットで品物を頼むと家に届けてくれるので仕事が忙しい人たちも多く利用します。

✎ 문을 열다：営業をする、店を開ける、店を開く

【問1】　　（　　　）に入れるのに適切なものを①～④の中から1つ選びなさい。

　　　　　① 時間がない人たちにも

　　　　　② 子供たちがたくさん集まるので

　　　　　③ 遅い時間に家に帰っても

　　　　　❹ 子供たちが遊ぶところもあるので

【問2】　　本文の内容と一致するものを①～④の中から1つ選びなさい。

　　　　　① コンビニは夜12時に閉まります。

　　　　　❷ コンビニに行かなくても品物を買う方法があります。

　　　　　③ コンビニは昼夜でお客さんがたくさん来ます。

　　　　　④ 仕事が忙しい時はコンビニを利用すればいいです。

　　　　　✎ 문을 닫다：営業を終える、店を閉める

---

[12] 対話文を読んで、問いに答えなさい。

ス　ミ：今度の夏休みに何をするつもりですか。

ミヨン：まだ何の計画もありません。

ス　ミ：では一緒に海外旅行でも行きませんか。

ミヨン：いいですね。どこに行くつもりですか。

ス　ミ：（　　　　　）。どこがいいでしょうか。

ミヨン：私たちはお金がないから近いところがいいんじゃないですか。

【問1】　　（　　　）に入れるのに適切なものを①～④の中から1つ選びなさい。

　　　　　① 寒い国は嫌です　　　　　　　❷ まだ決めていません

　　　　　③ 食べ物が美味しいところがいいです　④ どこでもいいです

【問2】　　本文の内容と一致するものを①～④の中から1つ選びなさい。

　　　　　① スミは休みにしばしば海外旅行に行きます。

　　　　　② ミヨンは海外旅行をするのが初めてです。

　　　　　③ 二人は旅行に出発する日を決めようとしています。

　　　　　❹ 二人は旅行先をまだ決めていません。

第2回 模擬試験 聞き取り問題

問題は169ページ、台本は198ページへ

---

1 質問文と選択肢を2回ずつ読みます。絵を見て、【質問】に対する答えとして適切なものを①〜④の中から1つ選んでください。

1)【質問】男性は何をしていますか。

    ❶ 走っています。   ② 写真を撮っています。

    ③ 女性と一緒に歩いています。   ④ あいさつを交わしています。

2)【質問】絵に合う説明は何番ですか。

    ① 眼鏡をかけた女性は座っています。 ② 男性はかばんを持っています。

    ❸ 背の高い女性は髪が長いです。   ④ 男性は右手を上げています。

3)【質問】絵に合う説明は何番ですか。

    ① 食堂で料理を注文しています。   ② 台所で食器を洗っています。

    ③ 部屋で絵を描いています。   ❹ 台所で料理をしています。

---

2 短い文と選択肢を2回ずつ読みます。文の内容に合うものを①〜④の中から1つ選んでください。

1)「しかし・だが」と同じ意味の言葉です。

    ① ところで   ② だから   ③ それで   ❹ だが・けれども

2)勉強しに外国の学校に行くことをこのように言います。

    ① 出発   ❷ 留学   ③ 入学   ④ 卒業

3)食堂に行って食事をする前にこれで手を拭きます。

    ① スープ   ② ビール   ❸ おしぼり   ④ 紙

4)おばあさんの名前を聞くときはこの単語を使います。

    ❶ お名前   ② お年   ③ お話   ④ 漢字

---

3 問いかけなどの文を2回読みます。その応答文として適切なものを①〜④の中から1つ選んでください。

1)このゲームはいつまでに作ればいいですか。

    ① 今年は何も計画がありません。

    ② それは今晩食べるつもりです。

    ③ 私はおとといすべて作りました。

    ❹ 来年の春までに終わらせればいいです。

第8章

解説編

245

2）何かいいことでもありますか。

    ❶ はい、来週結婚するんですよ。

    ② いいえ、時計をなくしてしまってまた買いました。

    ③ はい、友だちが留学に行ってしまいました。

    ④ いいえ、最近はコンサートにも行けないんです。

3）市庁はどちらのほうへ行けばいいですか。

    ① 左側の道を行くとデパートが現れます。

    ② そこからバスに乗ればいいです。

    ❸ 3番の出口から出て右側の道へ行ってください。

    ④ 地下鉄の駅が近いから楽です。

4）金先生は七十を過ぎましたよ。知っていましたか。

    ① 八十を過ぎても毎日運動をなさっています。

    ❷ いいえ、だけど本当にお若く見えますね。

    ③ 私はそういう話はまったく聞いていません。

    ④ はい、仕事ばかりしていると健康によくないと思います。

5）怪我は完全に治りましたか。

    ① おなかもだいぶ出てきました。

    ② 昨日まですべて終えました。

    ③ 臭いが少しします。

    ❹ いまは大丈夫です。

4　文章もしくは対話文を2回読みます。その内容と一致するものを①～④の中から1つ選んでください。

1）朝から熱が出て寒いです。鼻水も出てのども痛いです。風邪薬を買って来ようと思います。
　　正解 ❹ まだ風邪薬を飲んでいません。

2）今日おかずを作りました。塩を入れすぎてちょっとしょっぱいです。甘いものは好きではないので砂糖は入れていません。
　　正解 ❸ おかずを少ししょっぱく作ってしまいました。

3）今年大学に入学してアルバイトを始めました。一生懸命お金をためて卒業する前に1年ぐらい留学に行こうと思っています。
　　正解 ❷ 大学在学中に留学するつもりです。

4）女：ミンスさん、息子さんが高校生ですよね。何年生ですか。
　　男：今年入学しました。
　　女：そうですか。じゃあ、うちの娘と同じですね。
　　正解 ❸ 二人の子供は学年が同じです。

5）男：スミさんじゃないですか。久しぶりです。

　　女：本当にお久しぶりです。2年前ですよね。前回会ったのは。

　　男：そうなりましたね。時間があったらコーヒーショップに行って話でもしましょうか。

　　女：そうしましょう。今もあの会社に勤めていますか。

　　男：はい、今年で6年になりました。

　　正解 ❶ 二人は2年ぶりに会いました。

---

⑤ 対話文を2回読みます。引き続き選択肢も2回ずつ読みます。【質問】に対する答えとして適切なものを①～④の中から1つ選んでください。

1）女：今日も会社に歩いて来ましたか。

　　男：はい。最近は毎日歩いて通っています。

　　女：それはいい運動になるでしょうね。
　　　　家からどのくらいかかりますか。

　　男：30分です。家に帰る時も歩いて帰るので1日に1時間ほど歩きます。

　　女：そんなにたくさん歩きますか。
　　　　私は駅から会社まで10分歩くことも大変です。

【質問】女性の会社から駅まではどのくらいかかりますか。

　　① 歩いて20分ほどかかります。　　② 歩いて30分ほどかかります。

　　❸ 歩いて10分ほどかかります。　　④ 歩いて1時間ほどかかります。

2）男：会議の準備は全部出来ましたか。

　　女：はい、ほぼ全部出来ています。

　　男：では、今から30分後に会議を始めてもいいですか。

　　女：はい、大丈夫です。用意してお持ちします。

　　男：では、会議室で会いましょう。

【質問】対話の内容と一致するものはどれですか。

　　① 男性は会議に30分遅れます。　　❷ 二人は一緒に会議をする予定です。

　　③ 男性は女性を会議室で待つつもりです。　④ 男性は今から会議の準備をします。

3）男：スミさんは今度の休みの時に何をするつもりですか。

　　女：故郷にいる親に会いに行くつもりです。

　　男：ご両親が喜ばれるでしょう。

　　女：はい。この前の休みの時は会社の仕事があって行けなかったです。
　　　　スミンさんは何をしますか。

　　男：私は今回は家族と日本に遊びに行こうと思っています。

【質問】対話の内容と一致するものはどれですか。

　　① 女性はいま会社の仕事が忙しいです。

　　② 男性は休みの時、故郷に行けなかったです。

　　③ 女性は両親と一緒に住んでいます。

　　❹ 男性は海外旅行に行くつもりです。

第2回 模擬試験 筆記問題

➡ 問題は176ページへ

1 発音どおり表記したものを①～④の中から1つ選びなさい。

1) **正解 ❸** 십칠 년[십칠련] 17年：流音化(ㄹ+ㄴ → ㄹ+ㄹ)で「십칠+년→ 십칠+련」と音変化。

2) **正解 ❷** 젊습니다[점씀니다] 若いです：語幹のパッチム「ㄴ(ㄵ),ㅁ(ㄻ)」の後に結合する語尾の初声「ㄱ,ㄷ,ㅅ,ㅈ」は濃音化する。「젊+습+니다→ 점+씀+니다」と音変化。

3) **正解 ❹** 입학하고[이파카고] 入学して：「ㅂ+ㅎ → ㅍ」、「ㄱ+ㅎ → ㅋ」の激音化で「입+학+하고→ 이+파+카고」と音変化。

4) **正解 ❶** 여덟 장[여덜짱] 8枚：여덟(8)、열(10)の後に来る平音「ㄱ,ㄷ,ㅅ,ㅈ」は濃音化して「ㄲ,ㄸ,ㅆ,ㅉ」で発音される。「여덟+장→ 여덜+짱」と音変化。

2 次の日本語の意味を正しく表記したものを①～④の中から1つ選びなさい。

1) **正解 ❷** スプーン：숟가락

2) **正解 ❹** 明るいです：밝아요

3) **正解 ❶** 結果：결과

4) **正解 ❶** 七十：일흔

3 次の日本語に当たるものを①～④の中から1つ選びなさい。

1) ハンコ
   ① 動物　　　　② 弁当　　　　❸ ハンコ　　　　④ 読書
2) 四十
   ❶ 四十　　　　② 九十　　　　③ 六十　　　　④ 七十
3) 似合う
   ① 足りない　　② 変わる　　　③ 意味する　　❹ 似合う
4) 時々
   ① しばらく　　② しばらく　　❸ 時々・たまに　④ 最も
5) 新しい
   ① いつも　　　❷ 新しい　　　③ あらゆる　　④ 本当に・とても

4 （　　）の中に入れるのに最も適切なものを①～④の中から1つ選びなさい。

1) これとあれの（　　）が分かりません。
   ① 題目　　　　② 地方　　　　③ あいさつ　　❹ 差・違い
2) 風呂に入る時は眼鏡を（　　）。
   ① 残します　　② 合わせます　❸ 外します　　④ しません
3) 約束は（　　）守らなければなりません。
   ① もう・既に　② まだ　　　　③ 非常に・とても ❹ 必ず

( ) の中に入れるのに最も適切なものを①～④の中から1つ選びなさい。

1) A：最近眼鏡をかけても（　　）がよく見えないんです。
   B：では、眼鏡店に行って目に合う眼鏡に変えてみてください。
   ① 黒色　　　　　② 絵　　　　　③ 鏡　　　　　❹ 字・文字
2) A：明日の発表の順番は（　　）。
   B：さあ、よく分かりません。
   ① 計画されましたか　　　　　　❷ 決まりましたか
   ③ 記憶されましたか　　　　　　④ 翻訳されましたか
3) A：この運動はどのようにするんですか。
   B：（　　）音楽に合わせて体を動かせばいいです。
   ❶ ただ・そのまま ② しきりに　③ しばしば　④ もう少し

⑥ 文の意味を変えずに、下線部の言葉と置き換えが可能なものを①～④の中から1つ選びなさい。

1) 今日の仕事は全部終わりました。
   ① 落ちました　　② 育ちました　　③ 残しました　　❹ 終わりました
2) 息子が2日前に大学を卒業しました。
   ① いまだに　　② あさって　　❸ おととい　　④ 昨日

⑦ 下線部の動詞、形容詞の辞書形（原形・基本形）として正しいものを①～④の中から1つ選びなさい。

1) 起きる時間に合わせてご飯を炊いておきました。
   正解 ❶ 짓다 炊く：ㅅ不規則活用
2) 家から会社まで歩いて通っています。
   正解 ❸ 걷다 歩く：ㄷ不規則活用
3) 今夜は星が美しいです。
   正解 ❷ 아름답다 美しい：ㅂ不規則活用
4) そこはバスで行くのが一番早いです。
   正解 ❹ 빠르다 早い：르不規則活用
5) 荷物が重くて腕が痛いです。
   正解 ❷ 무겁다 重い：ㅂ不規則活用

⑧ ( ) の中に入れるのに適切なものを①～④の中から1つ選びなさい。

1) 聞きたいことがあればいつ（　　）連絡ください。
   ❶ でも　　　　② しか　　　　③（人）に　　　④ のように
   ✎ 大問8に出てくる助詞、語尾、慣用表現については、74～81ページの「4級出題範囲の助詞」、「4級出題範囲の語尾」、「4級出題範囲の慣用表現」を参照。
2) 明日からタバコを（　　）つもりです。
   ① やめている　② やめた　　❸ やめる　　④ やめようと
   ✎ 動詞に付く現在連体形語尾は「-는」、過去連体形語尾は「-ㄴ/은」、未来連体形語尾は「-ㄹ/을」。ここでは未来連体形語尾が用いられて「끊+을+생각」となる。

3）A：それはどうやって知りましたか。

B：部長（　　）先ほど説明してくださいました。

①（人）に　　　②（人）から　　　③（人）に（尊敬）　❹（人）が（尊敬）

4）A：家に帰らないんですか。

B：はい。明日の朝、会議が（　　）。だから準備してから帰ろうと思いまして。

① ありますね　❷ あるんですよ　③ います　　　④ あるでしょう

✎ 있다はある・いるに対応するが、意志・約束の表明の意の語尾「－을게요」と結合できる
のは「いる」だけが可能である。있+을게요：いますからね、いますよ

---

9 次の場面や状況において最も適切なあいさつやあいづちなどの言葉を①～④の中から1つ選びなさい。

1）仕事を終えた人をねぎらうとき。

① お久しぶりです。　　　　　　② よろしくお願いいたします。

❸ ご苦労さまでした。　　　　　④ ありがとうございました。

✎ あいさつ表現については、72ページの「4級出題範囲のあいさつなどの表現」を参照。

2）お礼を言ってくれた人に謙遜して返事をするとき。

① さあ。　　　　　　　　　　　❷ いえいえ。/とんでもないです。

③ そうですよ。　　　　　　　　④ 申し訳ありません。

---

10 対話文を完成させるのに最も適切なものを①～④の中から1つ選びなさい。

1）A：私の姉は28歳です。

B：私は先週30になりました。

A：じゃあ、私の姉より（　　　　）。

❶ 年上ですね　　　　　　② 年下ですね

③ 年生が似ていますね　　④ 結婚を先にされましたね

2）A：卒業した後に何をするつもりですか。

B：（　　　　）。

A：そうですか。私もそうするつもりです。

① おなかが空いているからご飯が食べたいです　　② 何の計画も立てていません

❸ 留学しようと準備中です　　　　　　　　　　　④ まだ決めていません

3）A：このおかずは私が作ったものです。食べてみてください。

B：（　　　　）。とても美味しいです。

A：いえいえ。

① 作り方が知りたいです　　② 私も作ってみます

❸ 料理がお上手ですね　　　④ コチュジャンを入れるといいでしょう

4）A：おばあさんのお年はおいくつでいらっしゃいますか。

B：（　　　　）。

A：そんなにお年を召されているんですか。本当にお元気ですね。

① 10時間ぐらいお休みになります　② 肉もよく召し上がります

③ 全然覚えていらっしゃいません　　❹ 今年九十になりました

　私は兄弟がいなくていつも一人でした。父が私の誕生日のプレゼントに小さい猫を1匹買ってくれました。今はいつも猫と一緒に遊んでいます。ところがまだ猫の名前がありません。それで（　　　　）。

【問1】　（　　　）に入れるのに適切なものを①〜④の中から1つ選びなさい。
　　　① 名前を呼んだことがありません
　　　② 名前を聞いてみたいです
　　　❸ かわいい名前を付けてあげたいです
　　　④ 私の誕生日にプレゼントをしようと思います

【問2】　本文の内容と一致するものを①〜④の中から1つ選びなさい。
　　　① 私は父にプレゼントを頼みました。
　　　② 父の誕生日に猫を1匹買いました。
　　　③ 私は兄弟が1人しかいません。
　　　❹ 誕生日に猫をプレゼントとしてもらいました。

12 対話文を読んで、問いに答えなさい。

ミンス：ユミさん、アメリカに留学に行くんですか。
ユ　ミ：はい、来月に出発する予定です。
ミンス：準備は全部終わりましたか。
ユ　ミ：はい、ほとんど終わりました。（　　　　）心配なことが多いです。
ミンス：大丈夫です。出発する前はみんなそうですよ。私もあの時はとても心配でした。
ユ　ミ：分かりました。一生懸命勉強してきます。

【問1】　（　　　）に入れるのに適切なものを①〜④の中から1つ選びなさい。
　　　① それで　　　　　　❷ だけど・しかし　　　③ だから　　　　　④ それなら

【問2】　本文の内容と一致するものを①〜④の中から1つ選びなさい。
　　　① ユミは留学の準備がうまくいかなくて心配です。
　　　② 二人は来月一緒に留学に行きます。
　　　❸ ミンスも留学したことがあります。
　　　④ 二人は同じ学校に通っています。

「ハングル」能力検定試験

個人情報欄 ※必ずご記入ください

受 験 級
2 級 … ○
準2級 … ○
3 級 … ○
4 級 … ○
5 級 … ○

受験地コード

受験番号

生まれ月日

氏名	
受験地	

(記入心得)
1. HB以上の黒鉛筆またはシャープペンシルを使用してください。
　（ボールペン・マジックは使用不可）
2. 訂正するときは、消しゴムで完全に消してください。
3. 枠からはみ出さないように、ていねいに塗りつぶしてください。

(記入例)解答が「1」の場合

良い例　●　②　③　④

悪い例　レ点　線　バッテン　点　うすい

聞きとり

1	① ② ③ ④
2	① ② ③ ④
3	① ② ③ ④
4	① ② ③ ④
5	① ② ③ ④
6	① ② ③ ④
7	① ② ③ ④

8	① ② ③ ④
9	① ② ③ ④
10	① ② ③ ④
11	① ② ③ ④
12	① ② ③ ④
13	① ② ③ ④
14	① ② ③ ④

15	① ② ③ ④
16	① ② ③ ④
17	① ② ③ ④
18	① ② ③ ④
19	① ② ③ ④
20	① ② ③ ④

筆　記

1	① ② ③ ④
2	① ② ③ ④
3	① ② ③ ④
4	① ② ③ ④
5	① ② ③ ④
6	① ② ③ ④
7	① ② ③ ④
8	① ② ③ ④
9	① ② ③ ④
10	① ② ③ ④
11	① ② ③ ④
12	① ② ③ ④
13	① ② ③ ④
14	① ② ③ ④
15	① ② ③ ④
16	① ② ③ ④
17	① ② ③ ④

18	① ② ③ ④
19	① ② ③ ④
20	① ② ③ ④
21	① ② ③ ④
22	① ② ③ ④
23	① ② ③ ④
24	① ② ③ ④
25	① ② ③ ④
26	① ② ③ ④
27	① ② ③ ④
28	① ② ③ ④
29	① ② ③ ④
30	① ② ③ ④
31	① ② ③ ④
32	① ② ③ ④
33	① ② ③ ④
34	① ② ③ ④

35	① ② ③ ④
36	① ② ③ ④
37	① ② ③ ④
38	① ② ③ ④
39	① ② ③ ④
40	① ② ③ ④

41問～50問は2級のみ解答

41	① ② ③ ④
42	① ② ③ ④
43	① ② ③ ④
44	① ② ③ ④
45	① ② ③ ④
46	① ② ③ ④
47	① ② ③ ④
48	① ② ③ ④
49	① ② ③ ④
50	① ② ③ ④

ハングル能力検定協会

「ハングル」能力検定試験

個人情報欄 ※必ずご記入ください

受 験 級	受験地コード	受 験 番 号	生まれ月日

2 級 … ○

準2級 … ○

3 級 … ○

4 級 … ○

5 級 … ○

氏 名	
受験地	

（記入心得）
1. ＨＢ以上の黒鉛筆またはシャープペンシルを使用してください。
　（ボールペン・マジックは使用不可）
2. 訂正するときは、消しゴムで完全に消してください。
3. 枠からはみ出さないように、ていねいに塗りつぶしてください。

（記入例）解答が「1」の場合

良い例　●　②　③　④

悪い例　レ点　線　バッテン　点　うすい

聞きとり

	①	②	③	④
1	①	②	③	④
2	①	②	③	④
3	①	②	③	④
4	①	②	③	④
5	①	②	③	④
6	①	②	③	④
7	①	②	③	④
8	①	②	③	④
9	①	②	③	④
10	①	②	③	④
11	①	②	③	④
12	①	②	③	④
13	①	②	③	④
14	①	②	③	④
15	①	②	③	④
16	①	②	③	④
17	①	②	③	④
18	①	②	③	④
19	①	②	③	④
20	①	②	③	④

筆　記

	①	②	③	④
1	①	②	③	④
2	①	②	③	④
3	①	②	③	④
4	①	②	③	④
5	①	②	③	④
6	①	②	③	④
7	①	②	③	④
8	①	②	③	④
9	①	②	③	④
10	①	②	③	④
11	①	②	③	④
12	①	②	③	④
13	①	②	③	④
14	①	②	③	④
15	①	②	③	④
16	①	②	③	④
17	①	②	③	④
18	①	②	③	④
19	①	②	③	④
20	①	②	③	④
21	①	②	③	④
22	①	②	③	④
23	①	②	③	④
24	①	②	③	④
25	①	②	③	④
26	①	②	③	④
27	①	②	③	④
28	①	②	③	④
29	①	②	③	④
30	①	②	③	④
31	①	②	③	④
32	①	②	③	④
33	①	②	③	④
34	①	②	③	④
35	①	②	③	④
36	①	②	③	④
37	①	②	③	④
38	①	②	③	④
39	①	②	③	④
40	①	②	③	④

41 問〜50 問は 2 級のみ解答

	①	②	③	④
41	①	②	③	④
42	①	②	③	④
43	①	②	③	④
44	①	②	③	④
45	①	②	③	④
46	①	②	③	④
47	①	②	③	④
48	①	②	③	④
49	①	②	③	④
50	①	②	③	④

ハングル能力検定協会

《著者紹介》

李昌圭
武蔵野大学名誉教授

▶ 市販中の著書はネット書店で著者名から検索できます。

吹き込み　李忠均、崔英姫、宗像奈緒
装　　丁　申智英
イラスト　夫珉哲
編　　集　小髙理子

改訂新版 ハングル能力検定試験4級
実戦問題集

© 2021 年 9 月 10 日　　初版発行

著者　　　　　　　　　　　　　　　　　　　李昌圭

発行者　　　　　　　　　　　　　　　　　　原雅久
発行所　　　　　　　　　　　　　株式会社　朝日出版社
　　　　　　　　　101-0065　東京都千代田区西神田 3-3-5
　　　　　　　　　　　　　　　　電話　03-3263-3321
　　　　　　　　　　　　　　　振替口座　00140-2-46008
　　　　　　　　　　　　　　　http://www.asahipress.com/
　　　　　　　　　　　　組版 / ㈱剛一　印刷 / 図書印刷